志玲姐姐
给小朋友的
修养课

志玲姐姐给小朋友的修养课

林志玲 著

台海出版社

目录

志玲姐姐
给小朋友的

修养课

很多人可能会问："你怎么会想到出一本教育孩子的书呢？是不是有点太好为人师了？"

就"修养"来说，我不是那个最合适的人选，这个美好的世间，多的是谦谦君子、雅人礼士，但驱使我接受这一重任的，是什么呢？

我想，应该是爱和责任。

你是不是和我一样会想念儿时的天真烂漫？那种不带一丝一毫污染的纯洁无瑕，总能带给我最深的触动。已为父母的你，在看着自己孩子纯真的面庞时，是不是也有这种想法？

我十分敬重的学者南怀瑾先生说过这样一句话，

他说："真正的修养，是把自己恢复到儿童阶段的活泼天真。"

　　修养不分年龄，孩子的纯真最动人，这种纯真需要保护，也最不可辜负。也是因为这种初衷，我接下了这一重任。

　　虽然还没有做过母亲，但我能成长为现在的自己，真的十分感谢年幼时父母及成长过程中的每一位良师益友对我的教导，那种潜移默化的滋养，甚至步入社会后的每一次荣耀与挫折，都让我受益一生。也是在历经世事之后，我才明白那小小的、不值一提的动作后面，蕴含着怎样巨大的力量，能让你化敌为友，突破险境，也因为这种深深镌刻在骨子里、在我看来早已习以为常的本能，我才能在人生的道路上走得还算顺遂。

　　如今的社会和我幼时已大有不同。

　　现在的很多父母热衷于给自己的孩子报各种学习班、兴趣班，在硬件设施的"装备"上，他们真的很上心，但已为人父人母、有了一定人生阅历的你，真的觉得这些就是一个人未来行走社会最重要的"技能"吗？其实，"修养"这软性的核心也是一辈子受用的智慧呢！不知道上面的话能不能带给你一定的启发？

　　曾经有这样一句话："和对手一起成长。"仔细体会一下，这和抚养孩子似乎有着异曲同工之妙。做父母的人，大都是初次"当值"，孩子更是无比鲜活的小生命，他的人生由你来启蒙，于他而言，这何尝不是一种幸运；而孩子智能的增进，也会反过来激励你不断成长，对你来说，这未尝不是一种美好的馈赠。

　　人生注定是一场渐行渐远的离别，终有一天，孩子的小手会脱离你的掌心，只是希望在那一刻来临的时候，你有足够的信心，相信孩子有足够的力量和智慧来应对这世间的一切。

志玲姐姐
给小朋友的

修养课

PART 1

语言的密码

——再学一次说话

请、谢谢、对不起——开启人际交往的第一把钥匙

这些时候我不说话——插嘴抢话可不好

你是音量的主人——降低声音，柔和也有力量

手势是用来加分的——你的小手也会说话

说脏话一点都不酷——戒掉不小心听来的不文明用语

当你谈论某个不在场的人——我不在背后说别人坏话

不要让他人的询问飘在空中——及时回应

我不可以说谎——谎言究竟会带来什么

看到这个题目，你可能会有疑问："为什么要再学一次说话？"

　　说话的确几乎人人都会，我们在日常生活中使用最多的交际手段，就是说话。作为大部分人与生俱来的能力，说话谁都不可能避免，但说"有修养"的话就未必谁都能做到了。

　　比如，一样是请求别人帮忙，什么样的表达能让对方发自内心地想要帮助你呢？而有的时候，不说话反而比夸夸其谈更有效；还有，小小的手部动作，甚至能代替语言，一样传情达意。只是，什么样的手势满含修养，什么样的手势又让人心生不满呢？

　　是不是没有想到？其实，这些都是说有修养的话所包含的奥秘！

　　说话有修养的人，他们不一定口才多好，有多么伶牙俐齿，但从他们口中吐出的言辞，总是给人如沐春风的感觉，为什么会这样？因为他们在开口的同时，基于内心的真诚和尊重也由此开启，这种将对方放在心上，由爱而发的表达，自然更有涵养，也更有力量。

请、谢谢、对不起——开启人际交往的第一把钥匙

生活中有三个词经常被大人们挂在嘴边，它们称得上是这个世界上最具有魔力的三个词。当你和别人打交道的时候，说出这三个魔法词语，就会产生神奇的效果，一些麻烦的事情也会变得简单起来。

那么，这三个词是什么呢？它们就是：请、谢谢、对不起。

这三个词有什么含义吗？

要求别人做事情的时候，你可以说"请"；获得别人帮助的时候，记得说"谢谢"；打扰别人或做错事情的时候，可以说"对不起"。

这三个词有多大的魔力呢？先来看一个好玩的故事。

大大的动物园里，有一只很大很重的河马在河边睡觉，挡住了河岸。

动物们都没有办法过河，它们想要赶走河马，就对河马说："走开，快走开！"

可是河马就是不动。无论是谁都没有办法挪动它，就算是"森林之王"

狮子也没有办法让河马起来。

在大家都没有办法的时候，一只小老鼠走了过来，它在河马的耳边轻声地说了一句话，河马马上就站了起来，然后晃晃悠悠地走开了。

大家都很惊讶，问小老鼠："你到底说了什么呀？"

小老鼠说："其实很简单，就是一句话：'请你挪一下，好吗？'"

你看，"请"这个字多么重要！因为它表达的是对别人的尊重，所以，别的小动物再怎么发号施令也无济于事，只有小老鼠，一个小小的"请"字，不费吹灰之力就让大大的河马站了起来。

还要记住的是，当你说"请"的时候，你是在求别人做一件事，也就是说，这件事他们是可以不做的，这个时候一定要说"请"。比如，你在学习上遇到了难题，想请同学帮忙，你可以说："打扰一下，向你请教一个问题，可以吗？"相信对方一定会欣然同意的。但是，如果你说："喂，给我看下这个问题，我不会。"对方可能本来挺乐意的，但一见你的态度，很可能会改变主意。所以，向别人表达你的诚恳和尊重，谢谢对方的帮助，说"请"显得十分重要。

不过，"请"这个词可能对爸爸妈妈之外的人说得比较多，在家里，"请"家人做的事情太多了，有时我们就会省略了这个"请"字。这个时候应该怎么办呢？要知道，"请"字可以对家人忽略，但是，"谢谢"却适用于所有人。即使是对自己的爸爸妈妈，你也可以多说一说"谢谢"。

你可能在想，为什么对爸爸妈妈也要说"谢谢"？他们都是很乐意帮我做事情的啊！但是我想告诉你，"谢谢"这个词也是很有魔力的！

有一位美国医生在一家心理康复中心工作。他发现，这里的很多患者虽然心理因为不同的原因受到了伤害，但是有一个普遍的特征，就是他们的父母一直都没有对他们说这样一句话："我为你感到自豪。"

实际上，他们的爸爸妈妈都是打心眼儿里为他们感到骄傲的，只是从来没对他们说过，因为他们不知道自己的孩子需要这句话，甚至觉得这是小题大做。

和上面的人正好相反，我认识一个幸福的妈妈，她会对丈夫说："谢谢你在外面努力工作，为我们的家付出了这么多。"她的丈夫怎么回答的呢？他说："也谢谢你，我们家的孩子真是太幸运了，能有你这么一个好妈妈；我更幸运，有你这样出色的妻子。"

这位妈妈还会感谢她的孩子为她分担了家务。她说："为什么我不表示感谢呢？虽然他们本来就要做那些事情，但感谢会让他们更高兴地去做。"

在这里，我想要告诉你，说"谢谢"，不仅仅是为了感恩。实际上，我们每个人都希望听到赞美，"谢谢"就是一种最自然、最真诚的赞美。

试试看，被你说"谢谢"的人，心里一定满是感动。

有一位瑞典的老奶奶，活了105岁，大家都很好奇地问她长寿的秘诀是什么。老奶奶回答说，一是要幽默，二是要学会感谢。

她说，从25岁结婚起，她每天说得最多的两个字就是"谢谢"。

她感谢丈夫，感谢父母，感谢儿女，感谢邻居，感谢大自然给予她

"请""谢谢""对不起"就像线一样，没有它们，

风筝飞不起来，良好的沟通也无法建立。

的种种关怀和体贴，感谢每一个祥和、温暖、快乐的日子。别人每对她说一句亲切的话语，每为她做一件平凡的小事，每送她一张问候的笑脸，她都忘不了说声"谢谢"。

80年过去了，是"谢谢"两个字让老奶奶快乐地活着，因为说"谢谢"的时候，她也在提醒自己，珍惜生命里这些值得感激的惊喜，她就会变得越来越幸福。

中国台湾有一位很著名的导演叫李安，他说："我太太小小地对我微笑一下，我就会感觉很幸福。我做了父亲，做了人家的先生，并不代表我就可以毫无条件地索取，我每天还是需要做一些事情来'赚取'他们的尊敬。而我太太的微笑就是对我最直接的感谢和认可，这让我觉得很自豪。"

你看，"谢谢"真的是一个超级有魅力的词汇，你一定要常常使用。

说完了"请"和"谢谢"，我们再来看最后一个词——"对不起"。当你犯了错误，感到抱歉的时候，一定要学会说"对不起"，千万不要因为愧疚而不好意思说出口。

放学路上，你不小心撞到了同学，这时候说一声"对不起"，相信对方一定会原谅你的。

在拥挤的公交车上，你不小心踩到了别人的脚，这时候真诚地说一句"对不起"，相信对方一定会接受你的歉意，回你一个大大的微笑。

外出就餐时，你不小心把筷子掉在了地上，这时候说一声"对不起"，相信服务员一定会原谅你，递给你一双新筷子，说不定还会夸你懂礼貌呢。

你看，"对不起"就是这么神奇，它能浇灭人们心头的怒火，让你们的关系雨过天晴。既然一声"对不起"就能化解冲突，解决矛盾，为什么不好好利用呢？

不过，说"对不起"的态度应该是真诚的，因为只有真诚的道歉才能获得陌生人的原谅，修补你和好朋友之间受损的关系；而在道歉之后，你也要认真思考自己错在哪里，为什么会伤害到别人；只停留在口头上的道歉，从来不做出改正，并不是真正、真心的道歉。

同时，也不要因为有"对不起"这三个字的保护，就以为自己可以在世界上肆无忌惮，胡作非为。说"对不起"一次两次倒还可以，次数多了，人们会想："这个小朋友的对不起，看来不是真心的。"慢慢就不会再有人相信你的道歉了。

但是，犯了错误，感到抱歉的时候，除了说"对不起"，还有更好的办法吗？

有！

有一位居住在纽约的中国画家曾经画过一组很有意思的漫画，画的内容是这样的：当你想说"对不起"的时候，其实"谢谢"也可以表达相同的意思，并让人感觉更好，甚至产生很奇妙的效果！

是不是很好奇？

约好的聚会你迟到了。因为愧疚，你可能想说："对不起，我老是迟到。"等一下，我们来换个说法，比如，"谢谢你这么耐心地等我"。

和朋友初次见面，你特别紧张，总是说错话，偶尔还有点小结巴。你可能想说："对不起，我说话总是这么没条理。"等一下，这次我们也换个说法，比如，"谢谢你没有打断我"。

怎么样，是不是很神奇？

其实，生活中有很多情景都可以这样表达。

当你想说"对不起，我一直拖拖拉拉"时，可以换成"谢谢你花时间陪我"。

当你想说"对不起，我总是让人失望"时，可以换成"谢谢你一直对我保有期待"。

听起来是不是真的不一样？

把"对不起"换成"谢谢"，由歉意变成感激，会让听你说话的人产生完全不同的感受，你自己的心里也会发生不一样的变化。

试试看吧！如果能说"谢谢"，就别说"对不起"，我相信，你一定会看到改变。

请、谢谢、对不起，将它们记在心里，它们绝对会成为你生活中使用频率最高的三个词，也是最有用的三个词。

不过，要切记的一点是，在讲这三个词时，不但要礼貌，还要态度端正、真诚。因为你所说的每一句话，对方都会从你的表情、声音、语气中判断出你是出于真心实意，还是敷衍了事。聪明的你一定明白，只有自己真诚，才能换来对方的真诚。

Tips

学会使用生活中最有用的三个词——请、谢谢、对不起。

面对想说"对不起"的情况，改说"谢谢"也可以表达相同的意思，并让人感觉更好。

情景式提升

朵朵去超市买东西，货架上的东西太高够不到，她想找人帮忙，应该怎么说呢？（　　　）

A. 真好吃，谢谢你！

B. 请帮我拿一下那个东西，好吗？

C. 对不起，我不是故意的。

D. 我要那个东西，快拿给我！

养成与改变

生活中，你对"请""谢谢""对不起"这三个魔法词汇用得多吗？如果很少，今天就好好使用一番吧！不管是对家人，还是对老师、同学，或者陌生人，都在今天集中使用下这三个词汇，最好记录下今天说了多少次"请""谢谢""对不起"，分别是对谁说的，为什么会在当时的场景下使用它们。记得留意下自己内心的变化，相信你一定会收获这三个词汇带来的美好。

家庭互动

还记得课上学的吗？因为和家人关系亲密，我们有时常常忽视了这三个词汇的使用，但这并不意味着在家里就不需要讲。向爸爸妈妈说"请""谢谢""对不起"，看看他们会有什么反应。可以和家人做个小游戏，比如寻求爸爸或妈妈的帮助，或者不小心给他们惹了麻烦，多想几个场景，试着多用这些词汇，你会在以后的生活中越来越频繁地使用它们的。

这些时候我不说话——插嘴抢话可不好

一位妈妈问她五岁的孩子："如果妈妈和你一起出去玩，我渴了，又没带水，而你的小书包里恰巧有两个苹果，你会怎么做呢？"

孩子歪着脑袋想了会儿，说："我会把两个苹果都咬一口。"

可想而知，这位妈妈有多么失望。

她本想像别的父母一样，对孩子训斥一番，然后再教孩子应该怎样做。可就在话即将说出口的那一刻，她忽然改变了主意。

她摸摸孩子的小脸，温柔地问："能告诉妈妈，你为什么要这样做吗？"

孩子眨眨眼睛，一脸童真："因为……因为我想把比较甜的那一个给妈妈！"

听到这里，妈妈心里感动极了！

当我们听别人说话的时候，是不是也经常在别人还没把话说完的情况下就滔滔不绝起来呢？还没有听懂别人真正的意思，就着急打断对方，很可能会误解别人。

　　我很喜欢一个成语——沉默是金，这个词的意思是，有时候沉默像金子一样珍贵。但这个沉默绝对不是让你不讲话，而是要懂得掌握说话的时机，在不该说话的时候不要抢话插话。

　　先来回答一个问题：人有几只眼睛、几只耳朵、几张嘴？

　　没错，我们都有两只眼睛、两只耳朵、一张嘴。那为什么我们只有一张嘴巴呢？这神奇的创造为的就是让我们学会倾听，多看多听，少说话。

　　倾听，和说话一样，也是一种有效的沟通方式。说话是表达，倾听也一样。你可能不知道，比起说话，倾听在沟通中的重要性要远远高于前者。心理学家通过观察发现，我们每天花在沟通上的时间，说话占26%，倾听占46％，其他占28%，有点没想到吧？所以，能认真倾听，对我们的沟通是十分有帮助的。

　　有这样一件有意思的事情，一位怀孕的妈妈在听收音机的时候感觉肚子里的小宝贝踢了自己一脚，第二天又是这样，第三天还是这样……

　　后来科学家发现，胎儿的几种感觉器官中，最为发达的就是听觉系统了，所以他们可以通过已有的感知倾听外面的世界。你看，倾听是我们一生中最先拥有的技能之一，所以，我们怎么能忘记这个最原始的本能呢？

　　你知道北京大学吗？那是中国的最高学府之一。曾经，它有一位非常厉害的校长，叫蔡元培。当时，他想聘请一批具有创新意识的老师来

沟通始于聆听，止于回答。

倾听是通向心灵的第一道门。

北京大学教书，其中就有一位是在美国留过学的，非常有学问，叫胡适。

当时很多人都担心，胡适不会接受蔡元培的邀请来北大教书。因为胡适崇尚自由，不喜欢受约束，而北大又是最高的学府之一，来这里教书，实在是一件很有压力的事情。但胡适又不好意思直接拒绝，就答应先试讲一节课。

在胡适登台讲课的头一天晚上，蔡元培来他家里拜访他。结果，蔡元培刚坐下，胡适就一个劲儿地说东说西，说自己特别担心讲不好等。而蔡校长在整个过程中一言不发，在临走前才说了一句：

"我聘你到北大来，就是信任你。"

胡适十分感动，果然，他在北大的讲课受到了学生的热烈欢迎。后来胡适说，每次想起这件事，他都很感激蔡元培那天晚上一直倾听他说话。

这就是倾听的力量。在倾听的过程里，你所聆听的对象受到了你的鼓励，他们从你专注的态度、肯定的眼神中意识到了自己的重要性。这种被尊重、被鼓励的感觉，让倾诉者打开心扉，卸下心防，有效的沟通就这样达成了。

人际关系学大师戴尔·卡耐基告诉人们，想成为谈话高手，先要学会倾听。而如果有人想向你倾诉，说明他对你是十分信任的，并出于信任与你交谈，你想让他因为你的无礼打断而失望吗？

一个汽车推销员向顾客推荐一种新型车。他非常热情地接待客人，也非常详细地为客人介绍了车子的性能、优点。客人很满意，准备办理购买手续。没想到的是，从展厅到办公室办手续的短短几分钟时间里，客人的脸色却越来越难看。他突然决定不买了，眼看就要成交的生意就这样失败了。

为什么这位顾客突然变卦？推销员心里很纳闷儿。他晚上睡觉的时候翻来覆去，怎么也睡不着。

他回忆着自己的每一句话，发现并没有讲错的地方，也没有冒犯顾客的地方，真的是百思不得其解。后来，他忍不住给那位顾客拨了电话，询问原因。

顾客告诉他："今天你并没有用心听我说话，就在我签字之前，我提到我儿子即将进入密歇根大学就读，我还跟你说到他喜欢赛车和将来的抱负，我以他为荣。可你根本没听我说这些话！你只顾打断我推销自己的汽车，根本不在乎我说的是什么。我不愿意从一个不尊重我的人手里买东西！"

原来，那位客人的儿子考上了名牌大学，全家人都特别高兴，并决定凑钱买辆跑车送给儿子。客人多次提到自己的儿子，但汽车推销员并没有倾听顾客的讲话，引起了顾客的不开心。

这位推销员恍然大悟。他从此引以为戒，外出推销不仅带上自己的"嘴巴"，更带上自己的"耳朵"。

学会倾听，不仅可以让我们获取更多的信息，还是一种尊重他人的表现，虽然只是细枝末节，却体现了你谦逊的修养。所以，在倾听别人的想法之前最好不要说话。细心的你会发现，生活中真正有魅力的人，并没有多么伶牙俐齿。

我国古代有一个很有智慧的人，叫墨子。有一天，墨子的学生问他："老师，多说话有好处吗？"墨子回答："你看蛤蟆、青蛙，白天黑夜叫个不停，叫得口干舌燥，引得大家抱怨不断。可是公鸡呢，它在黎明按时啼叫，叫人们起床，人们都夸赞公鸡特别勤劳。所以，多说话并没有好处，我们只有在应该说话的时候说话才有用。"

一直叫个不停的青蛙和只在清晨啼叫的公鸡相比，你是不是也特别喜欢勤劳的公鸡？同样是发出声音，公鸡却因为发出声音的时间和场合更合适而得到了大家的肯定。

你有没有过这样的经历：爸爸妈妈带你去看电影，但是电影院里一直有人在说话，让你不能够专心看电影；你去图书馆里看一本喜欢的书，有人却把这里当成了聊天的地方，完全不顾及别人的感受；深夜，你写完作业，躺在床上要进入梦乡了，却突然被邻居家哈哈大笑的声音吵醒……

所以，你一定要注意说话的时间和场合。虽然我们不能像公鸡一样每天叫大家起床，但是当我们坐进了课堂里，我希望看到你积极发言；当我们走在街上有人向我们问路，我希望看到你温暖地帮助他人解答问题。我相信，这样的你一定会很受欢迎。

但是，倾听也要注意态度，并不是简单的他说你听，在别人说话的时候一言不发就行了。如果对方在侃侃而谈，你却心不在焉，小动作不断，相信对方一点讲下去的欲望都没有了。所以，倾听时要做到最起码的礼貌与尊重,再适时地给予一定的关注和回应,才算是一个合格的"聆听者"。

倾听的确很重要,但有时候自己总会犯一些插嘴的毛病。怎么办呢?我来教你几个小方法。

比如,试着放慢说话的速度。想插嘴的时候,在心里提醒自己"慢一点,慢一点",故意停顿一会儿,当想要插嘴的话题或时机过去了,你自然也就不想插嘴了。坚持一段时间后,放慢语速会逐渐成为习惯,插话抢话的毛病也就改掉了。

还有一个好办法,那就是先思考,再表达。别人说话的时候,一定要全部听完,然后好好思考一下,看看怎么回答才算好。千万不要因为心急,话刚听了一半就马上接话,这样很容易误解别人的意思,而经过深思熟虑的表达也更有逻辑,更容易让人信服。

但如果出现下面的情况,我们应该怎么办呢?比如,有人说错了话,或者自己没听明白,或者对方讲的事情自己不感兴趣……

遇到这种情况,就要区别对待了。

当有人说错话时,我们应该勇敢地指出对方的错误,但要记得语气委婉、态度礼貌,比如,你可以说:"不好意思,打断一下,你说的问题,我有点不太赞同,可以一起讨论一下吗?"

自己没听明白时,可以在对方停顿的时候适时插话,表明自己的疑惑。

对方说的话题自己不感兴趣怎么办呢?要知道,这可不是你插嘴的理由,对你毫无吸引力的话题,可能恰好是别人喜欢的。这种场合下,你要学会为他人考虑,千万不要一副心不在焉的样子,这可是很不礼貌的。

Tips

善于倾听的人，在给予别人尊重的同时，也展现了自己良好的修养。

忍不住插嘴的时候，试着放慢语速，或者先思考，再表达，成为习惯之后，插嘴的毛病也就改掉了。

情景式提升

童童和小伙伴一起讨论最近新看的动画片，大家都特别喜欢里面的恐龙。小峰说："我最喜欢霸王龙了，它长着长长的脖子，大大的爪子，可威武了。"童童一听，不对啊，小峰说的是梁龙吧，他本想大声指出小峰的错误，但又觉得不太妥当。于是，他在小峰说完之后，语气和缓地说："刚才你说的霸王龙，为什么和我看的不一样呢？是不是我记错了？"童童的做法对吗？（　　　　）

A. 对。　　　　B. 不对。

家庭互动

关于你是否爱插嘴抢话这一点，相信你的爸爸妈妈肯定比你更有体会，问问他们的意见吧。可以和爸爸妈妈共同回忆一下，自己最近有随意插嘴的情况发生吗？当时的具体情况是什么？你们之间发生了什么误解吗？以后自己应该怎样改正呢？

爸爸妈妈也不要着急，其实，爱插嘴抢话的孩子，一般思维都比较活跃，反应也更为敏捷，他们的插嘴抢话并不是出于恶意，只是比起同龄人，他们能更快地理解对方的话语，而且语言表达能力也很强，所以，一定要积极地看待这个问题，最好能给予一定的引导。孩子本身语言表达能力就很好，如果说话的时候再注意掌握时机，应对得当，相信你的孩子肯定会更优秀的。

你是音量的主人——降低声音，柔和也有力量

你有没有发现，很多时候，说话声音太大会让人很不舒服？

安静的自习课上，同学们都在做功课，忽然，你前面的同学因为某个问题和同桌争吵起来，而且越来越大声。

深夜，列车停在某个小站，卧铺车厢上来两个人，他们高声谈论着某件事，丝毫不顾及有人早已进入梦乡。

电影院里，人们专心致志地看着电影，忽然，一个人对着手机大声讲起了话，大家看电影的氛围顿时被破坏了。

人们常说，说话是一门艺术，但我想说，说话不仅是一门艺术，还是最奇妙的魔术，而说话的音量就像一把神奇的尺子，可以丈量出一个人内在修养的高度。文学大师梁实秋曾说："大声说话是本能，小声说话是文明。"旁若无人时的大声喧哗、高声欢笑，可能满足了你一时的自我需要，却也丢失了最宝贵的东西——修养。这种只顾自己高兴，而忽视他人感受的行为，除了有损你在他人心目中的形象，不会带来任何好处。

如果不信的话，可以看看下面这个故事。

一家公司在招聘职员，有五个看起来很棒的年轻人一起去面试。在面试快要开始的时候，面试经理说："请你们稍等五分钟，我有点事出去一下。"五分钟后，面试经理回来了，却说："面试已经结束了，你们没有一个人被录取。"你是不是很好奇，这是为什么？原来是因为他们在面试经理离开时大声喧哗，没有注意到自己的说话音量。

看完这个故事，你的认识是不是更深刻了呢？在公共场所，我们要把音量调低。像图书馆、电影院、高铁等许多地方，都有着"不要大声喧哗"的提示语，这就是因为在公共场所大声喧哗是一种十分不礼貌的行为，会影响打扰别人。比起高声喧嚷，彬彬有礼的小声诉说就受欢迎多了。而真正有修养的人，一定能够在任何情况下控制自己的音量来体贴别人。

控制说话音量不仅要注意场合，还要注意对象。

有些人面对比自己地位低的人时颐指气使，大呼小叫；在遇到地位高的人时却换了一副面孔，变得低声下气起来。这是十分不可取的。每个人都是平等的独立个体，我们不能因为他人地位的高低而区别对待。唯有面对强者不卑不亢，面对弱者如轻风细雨，才是正确的做法。

除了公共场合的大声喧哗，想一想，我们还会在什么时候说话声音变得很大呢？是不是首先想到的就是生气的时候？因为别人的不理解，

在不同的场合适时控制自己的音量，不仅能彰显你良好的修养，
也展示了你绝佳的自控能力。

你不自觉地提高了说话的音量；因为一场和伙伴的争吵，你的声调越来越高。为什么会这样？原来，人在生气时，为了消除对方的误解，经常会选用提高嗓门儿的方式来为自己辩白，以使对方接受自己的观点。但是，我想告诉你，其实，你的声音越大，对方也许越听不进去。

一个心理学老师正在给学生上课，窗外传来两个人很大的争吵声，他就停下正在讲的课问："同学们，你们知道为什么人们在生气的时候说话要喊吗？"

同学们想了很久，一个男同学起身说："因为我们在生气的时候丧失了理智，所以才要喊。"

老师摇了摇头说："可是对方就在你身边，不能小声说话吗？为什么还是要喊呢？"

同学们七嘴八舌说了一堆，但是却没有一个让老师满意的答案。

老师看着大家，笑了笑解释说："因为两个人在生气的时候，心和心的距离是很远的，而为了弥补这之间的距离使对方能够听见，无形中声音就会很大，甚至'喊'起来。但在喊的同时会令人更加生气，更生气，心的距离就更远了，距离更远就要喊得更大声……"

我们与别人的交流不仅是言语与言语的交流，更是心与心的沟通。所以，我们在生气的时候，不要大声说话，不要让心的距离变得越来越远。小声说话，让心与心的距离变得近一些，对方才能听进去我们想要表达的想法。这样一来，误会解释清楚了，隔阂也就消除了。无论是跟家人、同学还是好朋友，在生气的时候，都要把我们的声音音量调低，要知道，他们都是我们最亲近的人，我们要把心与心的距离变近。

有人认为声音大代表底气足，只有嗓门儿洪亮，才能在气势上压倒对方。真的是这样吗？不一定。俗语说，"有理不在声高"，你的观点对错和说话的声音大小没有太大的关系。错的事情不会因为你声音大就变成对的，对的东西也不会因为你声音小就变成错的，所以，音量大小改变不了什么。

而音量的高低也不能体现一个人的底气，相反，一个人不合时宜、不分场合地大吼大叫，反而会反映出这个人的修养不够。有一句话我很喜欢："真懂的人不需要大声叫。"真正有实力、有底气的人，并不会言辞粗鲁、情绪激昂地与人大声争吵。

看到这里，你是不是在想，那是不是任何时候，声音都要放小呢？其实并不是这样的，你可以根据说话的场合来调节说话音量的大小。

先问你一个问题，水在不同的场合是不是有不同的用途呢？水在我们口渴的时候可以解渴；在花草生长的时候送去水分；在衣服弄脏的时候洗去污渍。

言语就像水一样，在不同的场合有不同的用途，所以说话的音量也会不同。我们不仅有需要把声音调小的场合，也有需要把声音调大的场合。

比如在正式场合发言时，就要把我们的音量调大；上课回答问题的时候，老师是不是提醒你声音要洪亮呢？

　　因为我们在正式场合发言时要有自信，声音太小会让别人听起来很不舒服，也因为声音太小，你要表达的内容大家听不清楚，所以这样的做法也是不礼貌的。

　　还要记住的一点是，降低音量并不是那种没有自信的小声说话、畏畏缩缩，甚至小到别人都听不见了，这可不是良好修养的表现，反而会暴露你内心的自卑，是大错特错的。如果你有这样的情况，可以寻求爸爸妈妈或老师的帮助和引导，看看应该怎样改正，相信你会成为那个自信表达自己的孩子的。

Tips

公共场合讲话要学会控制音量。

在正式场合发言时，洪亮的声音可以传达你自信的一面。

降低音量不等于胆小畏缩。

情景式提升

乐乐和晴晴之间发生了一场误会，乐乐一直努力解释，但晴晴始终沉浸在愤怒的情绪里，什么也听不进去。乐乐以为自己说话的声音太小了，就用很大的嗓门儿冲晴晴喊道："我已经告诉你了，我不是故意的，当时……"请问，乐乐的做法对吗？（　　　）

A. 对。对方没听进去，肯定是自己说话音量太低了，提高音量，对方一定能理解自己。

B. 不对。应该平复自己的情绪，把事情的来龙去脉好好讲给对方。

养成与改变

用今天一天的时间，体会一下身边音量的变化，无论是自己说话，还是路上听到的他人的交谈，都好好留意一下。也可以多去几个不同的场合，比如图书馆、闹市、电影院、学校等，看看在不同的场合，音量会有什么样的不同。

家庭互动

在音量的大小上，你可能很难有特别明确的概念，如果真是这样，可以在爸爸妈妈的帮助下，做一个音量指示卡，就像日常生活中常用的温度计一样，然后根据不同的场合，在音量的大小上做出区分。比如，假装自己在课上发言，请爸爸或妈妈在音量指示卡上画一个刻度；假装爸爸正在午休，你想和妈妈说话，也请他们在指示卡上面画一个比上一个或高或低的刻度，用不同的颜色表示更好……多种场景下来，你会有很直观的感受。

手势是用来加分的——你的小手也会说话

你会跟动物说话吗？

如果你的答案是"会"，那么恭喜你，你和古时候的一个农夫有同样的本领，这个人特别会和牛说话。

怎么说话的呢？我来讲给你听。

战国时期，有一个大官名叫黄喜，有一天他微服出访，路过一片农田，有点累了，就坐下来休息。

这时候，他瞧见田地上有个农夫驾着两头牛正在耕地，就问农夫："你这两头牛，哪一头更棒呢？"

农夫看着他，一言不发。

等耕到了地头，牛到一旁吃草，农夫附在黄喜的耳朵边，低声细气地说："告诉你吧，边上那头牛更好一些。"黄喜很奇怪，问："你干吗用这么小的声音说话？"

农夫回答: "牛虽然是动物, 但它的心和人是一样的。我要是大声地说这头牛好, 那头牛不好, 指指点点, 它们就能从我的手势和音量上分辨出来。那头虽然尽了力但仍不够优秀的牛, 心里就会很难过。"

听了这个故事, 你是不是觉得很神奇?

那你明白农夫说的手势的意义吗?

手势, 是生活中使用最多的肢体语言。我们在兴奋、紧张、难过时, 手部都会或有意或无意地做出动作。俗话说"心有所思, 手有所指", 有时候可能只是一个小小的手势, 像两臂交叉、双手握拳、摆手、竖大拇指等, 却可以代替话语, 表达丰富的信息。心理学家通过研究发现, 你的小手说的话, 可以表达接近 30% 你想表达的意思。难怪有人会说, 手的魅力不亚于嘴巴, 甚至可以说是人的第二张嘴呢。

人类在发明语言之前, 基本都是通过手势交流的。你可能想不到, 现在的南美洲还存在着这样一个神奇的地方, 那里的原始森林里有一个神秘的部落。那里安静极了, 你听不到一点声音。为什么会这样呢? 因为那里生活着一群特殊的印第安人, 他们的喉咙构造很奇特, 无法发出声音, 所以没有一个人会说话, 而他们交谈的方式就是用手势。

你看, 手势几乎可以代替人们说话, 有时候还和语言一起搭配, 增强我们说话的力量。在某些特殊行业, 手势甚至成为比话语更重要的语言, 比如交警指挥交通的手势、士兵在战场上的手势交流、球场或赛场上裁判的各种手势等, 都被赋予了特定的含义, 是独立出现的。

对我们这些普通人来说，手势和其他的身体动作也特别重要。

现在，想象一下，放学回到家，你发现屋里静悄悄的，刚想问爸爸，妈妈去哪儿了，只见爸爸用手指了指卧室，对你做了个"嘘"的手势——将手放在嘴唇上。爸爸的意思很明显："妈妈在休息，我们需要保持安静，不要把她吵醒了。"

你的一个好朋友跑来告诉你："嗨！我们今天放学之后去公园玩，好不好？"跟你说话的时候，他兴奋地搓着手。这就是他的手在说的话，他在表达一种美好的期望。

你看，我们的小手能说这么多的话！不过我要告诉你，手势是用来加分的：去饭店就餐时服务员的优雅引导，见到长辈时恭敬地握手，对别人表示赞赏或祝贺时的鼓掌，都是一个人良好修养的绝佳体现。

正确地使用手势可以反映人的修养，但是，有一些说话时候的小动作，你一定要检查一下，是不是传达给了对方不正确的信息，影响了你在对方心里的形象。

比如，一定要避免的一个动作就是指着别人。你可以想象一下，如果一个人在和你说话的时候指着你，你是不是会很容易生气呢？

其实，这和人的动物本能有关。用手指着别人，就像是一只老虎盯着它的猎物，或者像一条蛇瞄准了它要攻击的目标，是很有威胁性的。虽然人是高级动物，但在被对方指着的时候，会很自然地产生被威胁的心理，很容易生气。而且，对别人指指点点，也是一种很不尊重对方的行为，尤其是对长辈，更是万万不能做的。

看得见的手势不仅可以增强语言的力量，
也大大丰富了语言所要表达的信息。

身为人类，我们发明了名字，发明了"你""您"这样的称呼，就是可以让你不用指着别人，也可以引起对方的注意。下次，在你指着别人的时候，你可以观察一下你的手，因为在你指着别人的同时，有三根手指是指向你自己的。

我相信，你再也不想用手去指别人了，对不对？

还有一个特别要注意的动作，就是双手叉腰。

想象一下，一个人和你说话的时候，双手叉腰，你会是什么样的感受呢？是不是觉得对方很自大？如果对方还昂着头，得意扬扬，更会让你感到不舒服，对不对？我也不喜欢这样的人，所以正确的姿势是，把你的小手很轻松地放在身体两侧，很自信地和小伙伴聊天，他们一定会非常喜欢你。

生活中还有一些十分不雅的手部动作，我们一定要杜绝使用。比如，和别人交谈的时候摆弄手指或咬指甲，这除了显得你不成熟、紧张之外，对你们的交谈不会起任何作用，而竖中指和小指，更是十分不礼貌的。

还有"攥拳"，这个动作特别有意思，因为它有两个含义。比如，你在学校的大礼堂演讲时捏紧拳头，你的意思是："我是有力量的。"但是，如果你在和你有矛盾的人面前攥紧拳头，你的意思就是："我不会怕你，要不要尝尝我拳头的滋味？"这就有点挑衅了。希望你在演讲的时候攥紧你的小拳头，要知道，拳头是用来表达自信的，可不是用来打人的。

生活中像攥拳一样有着多层含义的手势还有很多，比如摆手。

早上，你和同学在校门口相遇，他冲你摆了摆手，还说了句："嗨。"

这里的摆手，就是打招呼的意思。

再换个场合，这个手势的意思就变了。比如放学后，你和同学告别，我们会用这个手势来表示再见。

除此之外，摆手还可以表示"不要"的意思。比如，你在专心地画画，忽然有一个小伙伴跑来干扰你，还乱动你的东西。这时候，你就可以用摆手的动作来表达自己对他行为的不满。

不过，手势也不能乱用，用错了不但会闹笑话，有的时候还是不礼貌的表现呢！

有一次，我去尼日利亚游玩，路上看到一群街头艺人的表演很精彩。语言不通，但我又想表达自己的欣赏，就竖起大拇指，想要表示"好，真棒"，结果却把人家惹怒了。原来，在尼日利亚，竖起大拇指的手势是一种十分不文明的表现。

而我们常用的 OK 手势，在一些国家却有着完全不一样的意思。比如在日本，它表示金钱；在马耳他，则是骂人的话；在意大利和澳大利亚，对女性做这个手势，你会收到来自他人的敌意，因为这个手势代表着侮辱和不尊重。

手势，不仅每个国家不一样，就是在我们中国，因为民族习惯不同，手势所表达的含义也不尽相同。所以，在使用手势的时候，一定要了解当地的习俗，不然造成误会就不好了。

不过，在你的周围，因为大家文化习俗相同，手势就没那么多顾忌了，你可以大方、自信地使用手势来表达自己的情感。要注意的是，使用手势时一定要自然得体，动作柔和适度，不要随意散漫，不然不仅不会增加你的修养，还会让别人以为你很自大无礼呢！

Tips

手势可以代替语言，传达你想要表达的信息。

正确地使用手势可以反映人的修养，但一些不雅的手部动作，在生活中千万不要使用。

同一个手势，在不同的场合会有不同的含义。

情景式提升

幼儿园里，晴晴看到乐乐手上的玩具，很是喜欢，就想和他一起玩耍。但乐乐好像没注意，自顾自地低头玩着。晴晴着急了，她想到了刚学的小手也可以"说话"，灵机一动，只见她挥动右手，重重地打在乐乐的身上，试图用这个方法获得他的回应。请问，晴晴的做法对吗？（　　　）

A. 对。

B. 不对。

养成与改变

学会观察，看看生活中哪些手势是正确的，哪些是错误的，哪些手势有多种含义。

家庭互动

现在，你已经知道小手也会"说话"了，那就试着用小手来表达一些意思吧！和爸爸妈妈一起，就像上面题目里提到的一些场景，你们都可以用手部的动作来交流。

说脏话一点都不酷——戒掉不小心听来的不文明用语

小明特别喜欢看电视。最近他喜欢上了一个电视节目。

这个节目里有个人很喜欢用一句话骂别人，小明觉得很特别，很酷。于是他学会了这句话："你是小笨蛋，你是小傻蛋。笨蛋，傻蛋。"

这天，小明跟小黑在踢皮球。突然，小黑不当心，把球踢到了他脸上，小明不高兴了，就说："你是小笨蛋，你是小傻蛋。笨蛋，傻蛋。"

小黑说："你嘴巴不干净，不跟你玩了。"说完，小黑就离开了。

小明听了小黑的话赶紧回家刷牙，心想：这下子，我的嘴巴干净了。

第二天，小明跟小侯玩跳绳，小侯不小心绊了他一跤，小明就说："你是小笨蛋，你是小傻蛋。笨蛋，傻蛋。"

小侯不理小明了，说："你嘴巴脏，我不跟你玩！"

小明赶紧回家漱口，心想：这下子，我的嘴巴不脏了。

第三天，小明跟小黄一起划船，小黄不小心把水花溅到了小明身上，小明就说："你是小笨蛋，你是小傻蛋。笨蛋，傻蛋。"

小黄说："你嘴巴臭，我不跟你玩！"

小明赶紧跑回家，戴上口罩，心想：这下子人家闻不到我嘴巴臭了。

可是，大家还是说小明的嘴巴脏、嘴巴臭，不愿意跟他玩。

小明哭了，说："我刷了牙，漱了口，还戴上了口罩，怎么还说我嘴巴脏、嘴巴臭呀？"

讲到这里，你能告诉我为什么其他小朋友都不愿意和小明玩了吗？其实，别的小朋友哪里是因为小明有口臭才不跟他玩呀，这是因为小明一不高兴就控制不住自己，乱说脏话，而且他也没有意识到说脏话其实是一件很不文明、很伤人的事情。说不定在当时，小明还觉得自己很酷呢。

那小明的例子说明了什么呢？其实，说脏话一点也不酷！

既然讲到关于"脏话"的话题，那你首先得知道脏话是什么，为什么有的人会说脏话。

你知道吗？地球上的每一种语言、每一种方言，都有一些很不文雅的词汇。有一位语言学家说过：人类的脏话口口相传，最早在5000年前就出现在了书面语言当中。古埃及人把脏话刻到象形文字中，古罗马诗人甚至会用脏话作诗。但脏话的起源一直是个未解之谜。

这个谜团直到1952年才被一位美国的科学家解开。

原来，我们的大脑中有一个专门给脏话居住的"住所"，当我们在冷静、理智的情况下，脏话是跑不出来的。但是每当我们生气、吃惊、受挫、狂喜，情绪波动很大的时候，就像是给"住所"开了门，脏话自然就跑出来了。

你看，说脏话其实是对情绪的一种很幼稚的发泄。

可能你这时候就要说了，你看脏话多不好管理呀，我总会有生气、不开心、难过的时候呀。但是，如果你养成了通过脏话这种方式来发泄情绪的不良习惯，以后就很难控制住自己，再想改正就很难了，甚至会给你带来更大的困扰。

幼儿园要开大型家长会，邀请所有小朋友的父母都参加，讨论如何培养孩子的语言表达能力。老师特地邀请一个女孩子的爸爸作为家长代表上台发言。因为这个爸爸平时特别爱说脏话，临上台时，妈妈有点担心，悄悄跟他说："注意点，不要把脏话溜出来了。"爸爸拍拍她的肩，让她放心。

上台之后，这位爸爸侃侃而谈，从国内到国际举例，从家庭到学校分析，深入浅出，赢得很多次掌声。一得意就忘形，临结束时，这位爸爸还是不小心带出一个上不得台面的脏字。

台下一个小朋友高叫："说脏话了，羞羞啊！"跟着是哄堂大笑。这位爸爸羞愧得要死，恨不得找个地缝钻进去，抬眼看女儿，只见她羞得满脸通红，差点就要哭了。

爸爸深深地弯下腰，鞠了一个躬，真诚地说："对不起！小朋友们，叔叔不该说脏话，你们千万别学叔叔。叔叔今天郑重发誓，以后再也不说脏话！如果说了脏话，我就是大傻蛋！"

下面又是哄堂大笑。

你看，习惯的力量强不强大？

这个爸爸因为讲脏话养成了习惯，在这么重要的场合说了脏话，不仅破坏了所有人对他的好印象，还伤了女儿的心，虽然爸爸的本意没想伤害任何人。

看完这两个故事，你认识到说脏话的破坏力了吗？

那我们是不是就真的对说脏话无能为力了呢？

不是的。刚才我们讲到，我们的大脑中有一个专门给脏话居住的"住所"，当我们在冷静、理智的情况下，脏话是跑不出来的。所以，想管住脏话，就要先管住自己的情绪，我们该怎么做呢？

在很久很久以前，有一个叫爱地巴的人，每次生气和别人起争执吵架的时候，他就以很快的速度跑回家去，绕着自己的房子和土地跑三圈，然后坐在田地边喘气。

爱地巴工作非常努力，他的房子越来越大，土地也越来越广，但不管房、地有多大，只要与人争论生气，他还是会绕着房子和土地跑三圈。爱地巴为何每次生气都绕着房子和土地跑三圈呢？所有认识他的人心里都起疑惑，但是不管怎么问他，爱地巴都不愿意说明。

直到有一天，爱地巴已经很老了，他的房子和土地已经很大。可他依旧保留着原来的习惯，一生气就拄着拐杖，艰难地绕着土地跟房子转圈。等他好不容易走完三圈，坐在田边喘气的时候，太阳都下山了。

他的孙子在身边恳求他："阿公，您年纪这么大了，这附近地区的

脏话除了让你粗暴地宣泄情绪外，
对良好关系的维护一点助益都没有。

人，也没有人的土地比您的更大更广，您不能再像从前一样，一生气就绕着土地跑啊！您可不可以告诉我，为什么您一生气就要绕着土地跑上三圈呢？"

爱地巴经不起孙子恳求，终于说出隐藏在心中多年的秘密。他说："年轻时，我若和人吵架、爆粗口、生气，就绕着房地跑三圈，边跑边想，我的房子这么小，土地这么小，我哪儿有时间，哪儿有资格去跟人家生气？一想到这里，气就消了，于是就把所有时间用来努力工作。"孙子又问："阿公，那您现在已经成了这个地区最富有的人，为什么还要绕着大房子走呢？"

爱地巴笑着说："我现在有时还是会生气，生气时绕着大房子走三圈，边走边想，我的房子这么大，土地这么多，我又何必跟人计较？一想到这儿，气就消了。"

看了爱地巴的故事，你是不是觉得他控制情绪的方法特别好呢？当然了，我们都没有爱地巴老爷爷这么大的房子，也不可能每次一生气、一难过、一狂喜就绕着自己家跑上三圈。我只是希望你能牢记这个故事，每当生气、难过、得意的时候就在脑中幻想一座大房子，然后围着它跑上几圈。这样是不是就冷静下来了呢？而脏话也就被关起来了。

除了控制情绪，你还要做到在心里正视说脏话这个坏毛病。态度决定一切，只有心里重视了，才会在行动上督促自己改进。再结合下面几个小方法，说脏话的毛病很容易就改掉了。

比如，让爸爸妈妈监督自己。不仅爸爸妈妈，亲人朋友、伙伴同学等都可以成为监督我们不说脏话的好帮手。你可以和他们事先约定，只要发现了我们说脏话，就让他们及时告诉我们。为了改变自己而提出请求，大家都是很乐意帮忙的，这样你也会更加严格要求自己。

在监督的同时，给自己适当的惩罚也是一个好方法。有时候，单方面的口头警告可能在开始挺有效的，但时间长了，人很容易麻木，产生倦怠感。这时候，给自己一定的惩罚会起到很好的效果。比如打扫卫生、抄写"不说脏话"小守则等，都会在你心里留下深刻的印象，继而帮你改掉说脏话的坏毛病。

"近朱者赤，近墨者黑"，我们还可以向身边优秀的人学习，学习他人身上的优点；远离素质低的朋友，不让他们的不良习惯污染我们。慢慢地，你也会成为人见人爱的好孩子。

心理学家通过研究发现，喜欢说脏话的人表面上看起来霸道、强大，其实他们的心理很敏感、脆弱。为了掩盖自己，他们利用说脏话作为"武装"，殊不知，这样的做法不仅没保护自己，还伤害了别人。而真正内心强大的人，是不需要通过外在的东西来保护自己的，所以，改掉说脏话的坏毛病，做一个内心强大的人吧！

Tips

说脏话是很不文明的行为。

想改正说脏话的坏习惯，可以通过控制情绪、请父母监督、适当的惩罚、向榜样学习等办法来实现。

情景式提升

乐乐的班上有个爱讲脏话的小朋友，为了回击对方，乐乐就给他起了个外号——"骂人精"，每次见到他，乐乐都不称呼名字，而是直接喊"骂人精""骂人精"。你觉得乐乐的做法对吗？（   ）

A. 对。对那些爱讲脏话、口出污言秽语的人，我们也要给予有力的回击。

B. 不对。

养成与改变

你有爱讲脏话和给别人起外号的习惯吗？如果没有，那我要称赞你是一个很有修养的好孩子。如果有，那你可要注意了，还记得上面提到的改正方法吗？现在就开始实施起来吧，如果可以，最好将这一经历记录下来，相信前后的转变会让你发出由衷的感叹的。

家庭互动

我们经常会在生活中听到一些人说话带脏字，有的人甚至脏话不离口，就像故事里去幼儿园做发言的爸爸一样，随时随地都有脏话不经意地溜出口。其实，说脏话并不会解决冲突，反而会让冲突升级。你可以让爸爸妈妈给你讲几个这方面的例子，他们肯定深有体会。也问一下他们，在遇到被人骂脏话的情况时，他们是怎么做的，如何排解因此带来的烦恼的，说不定会对你产生一定的启发呢！

当你谈论某个不在场的人——我不在背后说别人坏话

　　下课了，小伙伴们在教室里围成一圈，讨论某一个并不在场的同学。这样的讨论、交流往往很热烈，他们会议论这位同学的头发、成绩，最近又干了些什么，甚至还会议论这位同学的怪癖、缺点、缺陷等。

　　你遇见了这样的场景，是否会忍不住加入讨论呢？当你加入了讨论，你又会怎么做呢，是夸赞他还是说他的坏话呢？

　　如果想不出答案，不如先来看一个故事吧。

　　从前，有一对让人羡慕的好朋友——莉莉和花花，她们真是好得不得了，不管上学放学，都是形影不离。

　　他们班上的小健自认为了不起，觉得大家都得围着他转，见莉莉和花花感情很好，心里很嫉妒。

　　于是这一天，他来到了莉莉的身边，对她说："莉莉，你知道吗？昨天花花跟我说你的小眼睛真难看！"

　　莉莉听了小健的话，非常地生气，决定从此再也不理花花了。

　　小健见自己的计谋成功了，又欢欢喜喜地来到花花的身边，对她说："花花呀，你知道吗？昨天莉莉跟我说你手臂上的黑痣真丑，一点也不想靠近你呢！"

　　花花听了，没有说话，她骑上自行车就往莉莉家去了。她来到莉莉的身边，提醒她说："好朋友，小健告诉我说你在背后说我的坏话呢！哼！我才不信！我们从今以后可要提防着他！"

　　莉莉听了，又想起之前小健对自己说过的话，这才知道上了他的当了。原来，小健一直都在挑拨离间。

　　开动脑筋想一想，如果你是莉莉的话，你是愿意和花花交朋友，还是和小健交朋友呢？我相信，如果你发现小健是一个喜欢在背后说人坏话、挑拨离间的人，你一定会远离他，然后去和宽容、善良、聪明的花花做朋友。

　　在生活中，我们会遇到形形色色的人。或许因为差异，我们在交往的初期会对人产生不信任感，又或许因为消息的不一致而产生误会，但最终朋友间的互相信任和包容能够克服掉一切，让我们和好朋友快乐地在一起。

　　相反，我们再来看一下小健。小健最初的目的也是希望交到朋友的，但是他却选择了背后说人坏话这个方式。如果他选择的是夸赞，结局是否会截然相反呢？

什么样的人喜欢在背后说别人坏话呢?

一种是觉得自己很了不起,其实并没有什么才能的人。这种人其实内心缺乏自信,为了获得关注,他会通过贬低别人来抬高自己。有人不如他时,他到处说别人的短处,好显得自己有能耐。要是别人比他厉害,他会气得跳脚,会千方百计挑别人的毛病,以显示自己的高明。故事里的小健就是因为受不了莉莉和花花的友谊,才故意想要拆散她们的。

还有一种人喜欢说别人闲话,一天不说就浑身难受。这种人的内心十分空虚无聊,说别人闲话在他自己这里就好像是一种乐趣。其实,这样的做法很不好呢,或许你获得了一时的开心或满足,但时间一长,你会发现人们对你的回应总是嗯嗯啊啊的,特别敷衍。为什么会有这种反应,看看下面的解释你就明白了。

中国有句古话:"静坐常思己过,闲谈莫论人非。"背后搬弄是非,总有一天会搬起石头砸到自己的脚。小健不就是最好的例子吗?世上没有不透风的墙,你说过的每一句话,最后总会通过各种方式进入他人的耳中,到时候被对方知道,那可就得不偿失了。

有人可能会辩解说:"我其实没有恶意,只是太直爽了,你别放在心上。"如果对方这样回答,那他真的是在狡辩了。什么是"直爽"?直爽是开诚布公,是坦诚相待,是在你犯错的时候开门见山,打开天窗说亮话,绝对不是趁你不在的时候拐弯抹角、添油加醋,背后说你的是非。所以,千万不要把"直爽"和"诋毁"混为一谈。

让我们再来看另外一个故事。

为什么背后说人坏话是不好的行为？因为你不仅在言辞上
伤害了他，还没有给他反驳的机会。

我有一个朋友是做 HR 的，HR 就是 Human Resource 的缩写，简单地说就是替公司招聘人才的一个岗位。

她的公司准备对外招聘一名部门总监，这可是一个非常重要的工作岗位。在经过层层考察后，她在出身同一家公司的小 A 同学和小 B 同学之间摇摆不定。选小 A 同学吧，很明显小 B 同学的学历更高，经验也更丰富；选小 B 同学吧，小 A 同学在外界的口碑又特别好。于是我的 HR 朋友给他们出了一道题目，让小 A 和小 B 互相说一说心目中的对方是怎样的一个人。

首先面试的是小 A 同学，我的 HR 朋友问道："对于小 B 同学学历比您高，经验比您丰富，您是怎么看的呢？您还有信心争取到这个岗位吗？"

小 A 同学回答道："小 B 同学的各方面条件是比我强，但我有信心干得和小 B 一样好！"

接着面试的是小 B 同学，我的 HR 朋友问小 B："对于小 A 同学在业界超强的口碑，您怎么看？"结果这个小 B 马上打开了话匣子，先把小 A 同学的学历评论得一无是处，接着说小 A 年纪比他小几岁，各方面的经验都不如他，这个总监的职位无疑还是自己更适合。

小朋友，如果是你，你会怎么选呢？

我的朋友在面试完小 B 后，立马决定与小 A 同学签合同，让他来担任这个总监的职位。

有人不解，说："明明小 B 的资历以及经验更适合这个职位，怎么最后录取的会是小 A 呢？"

我的朋友说:"小 A、小 B 的言行其实就是他们为人的缩影。细节窥人,不随便在背后说人坏话,这个是做人最大的修养。包容、真诚、善良的小 A 会更快速地融入公司,带好团队的。"

你是更喜欢小 A,还是小 B 呢? 可能你也会像我一样,喜欢小 A 同学,他毫不吝啬地赞扬了对手的优点,也摆明了自己的优势。

你看,不随便在背后评论人,表面上保护了他人,其实最后是保护了自己。反之,图一时之快,在背后贬低别人,最后却是伤害了自己。所以,我们对人和事,可以有自己不同的看法和真实的情感,但是我们得有能力去控制它,并且建立在理解和包容的基础上。

如果遇到他人在背后议论你,你应该怎么做呢?

不小心听到别人在背后议论自己,不管换成谁,都会不高兴的,这是很正常的心理反应。但有的人一听到这些就会被影响,要么生气,要么找对方质问,甚至想要和对方断绝往来,其实,不用那么激动的。我来教你一个好办法,这时候用一个成语来对待再合适不过了,那就是"充耳不闻",假装没听到。

身正不怕影子斜,他们说他们的,你完全不用当真,不用太在意别人的评价。众口难调,我们不可能让所有人都喜欢自己,如果太过在意,你会打乱自己前进的步伐,受到干扰。

如果下次你遇到谈论某个不在场的人的情况,能做出正确的选择吗?相信你心里一定有答案了吧!

这不仅是一个关于提升修养的好习惯，更是一个去交朋友的好方法，那就是"我不在背后说别人坏话"。

Tips

不随便在背后评论别人，不仅是提升修养的好习惯，还是交朋友的好办法。

遇到别人议论自己，要学会"充耳不闻"。

情景式提升

放学后，琪琪看到几个同学聚在一起叽叽喳喳地说着什么。琪琪挤进去，原来，大家在讨论新来的转校生。一个同学说："她看起来很高傲。"旁边的人说："我和她说话，她都不怎么理我。"大家看向琪琪，琪琪很认同似的点点头，还附和道："是啊是啊，她就是一个那样的人。"琪琪的做法对吗？

(   )

A. 对。只是附和大家的说法，又没有主动挑起话头，没关系的。

B. 不对。

班上的大块头翔翔又欺负同学了，乐乐看见了，想去告诉老师，但一想到新学的"不在背后说别人坏话"，他又觉得这样做是不是不好，一时不知道该怎么办了。如果你是乐乐，你会怎么做呢？（   ）

A. 不能让同学受欺负，我要把事情的真相告诉老师。

B. 老师说了，不能在背后说别人坏话，虽然我看到了，但绝不能跟任何人讲。

C. 好麻烦，我还是假装没看到好了。

D. 让同学们不和翔翔玩，孤立他。

养成与改变

尚且年幼的你，总希望获得大家的认同，希望和大家玩在一起，为了不被大家排斥在外，你会通过加入大家的讨论来实现这一目的，只是，你的言辞是基于事实的表达，还是只为了迎合大家呢？如果是后者，希望你能早点认清自己的问题，尽量做出改正。

不要让他人的询问飘在空中——及时回应

又到了该吃晚饭的时间了，小明还坐在沙发上专心玩着自己心爱的玩具。

妈妈在餐桌旁喊道："该吃饭了！"可是小明连眼皮都没抬一下，继续低头玩着手里的玩具。

"小明，今天做了你最爱吃的西湖醋鱼、红烧狮子头，你要再不过来，我们就吃光啦！"爸爸接着喊，可是小明依然不动。

爸爸生气了，走过来把小明抓到了餐桌旁边。但小明大喊大叫："我要玩玩具，我不要吃饭。"

你看，家人们本来可以开开心心共进晚餐，但最后的结果是大家都很不开心。

这个场景熟悉吗？是不是你也经常在快吃饭的时候，还在玩玩具或者看绘本，哪怕听到爸爸妈妈喊你吃饭，你也装作完全没听见呢？

我并不是不允许你玩玩具或是看绘本，而是说，别人在跟你说话的时候，或是在问你问题的时候，你都要及时回答。因为你的不回答，可能会让人产生误解。

语言是用来交流的，人家跟你说话你不搭理，就把交流的渠道切断了。对提问的这个人来说，就像他提出的问题飘在空中，没有被接住，这会让别人很尴尬，可能就会误会你。

你看，爸爸就会误解成：小明完全不想吃饭。但其实小明只是贪玩，如果他这么回答："爸爸，我知道了，我这个玩具还有最后两块就拼完了，拼完我就自己过来吃饭，最多两分钟，好吗？"你觉得爸爸还会那么生气吗？

我认识一个很有智慧的妈妈，她跟她的儿子这样说："人家跟你说话就像是抛出一个球给你，你得把它接住，及时回应。你不搭理，这个球就会到处乱撞，撞到妈妈身上，妈妈就很不舒服。"

及时回应虽然只是生活中一个很小的细节，却能体现一个人良好的修养。

班级集体外出游玩，你因为堵车迟迟未到，但又没有说明原因告知老师，这时候老师会怎么想？他肯定会担心你的人身安全。

绘画课上，老师说大家全部都完成后要集体参观展览，你明明画完了，却没有及时报告，而老师和同学们只能眼巴巴地等着你。

这时候，一句"我在路上""画完了"就能解决问题，多么简单。虽然只是短短的话语，但里面却饱含着对别人的回馈、对他人的尊重，而你的及时回应，也让事情有进行下去的可能。

不仅是对老师，对父母也要懂得及时回馈，不能因为和父母关系亲近而忽视这一点。只有这样，你们之间才能建立良好的互动，传达爱与尊重。

所以，下次再遇到这种情况时，请记得及时回复。这不仅是一个好习惯，更是一种良好的修养。不然，你可能会吃很大的苦果呢。

我有一个好朋友，是一个演员。有一次，她去参加一个电影的试镜。面试非常成功，她来找我，兴奋地跟我说了她的感受。我也很为她高兴。

过了一个星期，她给我打电话，声音里全部都是喜悦，她说："天哪，我被录取了！"她说，她刚刚发现，导演组给她发了邮件，说她被选中了。

她过来找我，打开邮件来给我看，让我跟她一起分享这份喜悦。但是就在我们看的时候，邮箱里又收到了另外一封邮件。

我的朋友打开邮件，笑容渐渐消失了。

这封邮件里写道：

小姐，你好。你的演技非常出色，我多次被你面部的表演细节惊艳到，所以我在面试完的第一时间给你发出了录用书。这两天我一直焦急地在等你回复，但是迟迟没有等来你的邮件。

实在是太可惜了，因为拍摄电影是一个很大的工程，所有的环节都得井然有序地进行，我们不能在等待一个角色的确认上花费太多时间。所以，对不起，我们已经把这个角色交给了另外一个人。

交谈就像传球，对方抛球给你，你没有回应，球就会到处乱撞，

撞回对方身上，对方心里会很不舒服。

　　我的朋友就这样错失了这个重要的机会。她又做了一次争取，对方却没有给她机会，而是告诉她："及时回复是对别人的尊重。"

　　你看，及时回答别人的问题有多重要啊！明明表现很好，对方也认可了自己，却因为没有及时回复，与成功失之交臂。这就好像路走了99步，只差1步，却一样不算到达终点一样，真的很可惜。

　　有个男孩子，他的工作是推销食品。他经常去推销的一家店是一家食品杂货店。每一次他到这家店里去，店里的营业员总会跟他打个招呼，或是问他一些问题，比如明天会不会下雨？找女朋友了吗？男孩子虽然觉得有点奇怪，但总是有问必答，没有把这个事情当成负担。

　　有一天，他像往常一样到这家店里去，店主突然告诉他今后不用再来了。他不想再买这个男孩子推销的食品，因为小店的经营思路发生了调整，和这个男孩子推销的食品不匹配。男孩子只好离开商店。他开着车子在镇上转了很久，最后决定再回到店里，把情况说清楚，再做一下最后的努力，毕竟自己推销的食品在这家店的销量也不算是一个小数目。

　　走进店里的时候，他照常和柜台旁的营业员聊了两句，然后到商店的经理室去见店主。

　　没有想到，店主见到他很高兴，笑着欢迎他回来，还说："我正想联系你，我想多订一倍的货。"

　　这个男孩子十分惊讶，不明白自己离开店后发生了什么事。店主指着柜台旁的营业员说："在你离开店铺以后，营业员走过来告诉我，你是到店里来的推销员里唯——个会回应他的招呼、回答他问题的人。他告诉我，如果有什么人值得做生意的话，就应该是你。"

　　你看，这个男孩子本来已经失去了这个机会，但因为他每次的耐心回答，让对方感受到了他身上的真诚和热情，反而让他重新获得了这笔订单。

　　及时回答别人的问题虽然只是一件小事，但这件小事往往能真实地展现出一个人的品德和修养，显示出一个人的真诚。有问必答，你就会体验到一种美好、和谐的人际关系，你就会拥有许多的朋友，获得他们的信任。

　　这就是及时回应的魔力！沟通是双向的过程，在你来我往间，我们通过彼此的回应达到心理上的满足，让我们感觉被理解、被尊重，信任也在这一过程中建立起来了。

　　现在科技十分发达，我们的沟通方式也不再局限于面对面的对话上，电话、网络也开始成为人们交流的媒介。要注意的是，三者不能区分对待，不仅日常交流中要及时回应，接到电话、短信等时也要做到如此。

　　试想一下，好朋友跟你打电话，你没有接到，但你后来发现后也没有打回去，而是选择了无视。同学给你发信息，询问一些事情，你因为忙着看电视，故意不理，后来更是直接抛之脑后。这都不是好的习惯。

　　如果自己当时真的抽不开身，无法对别人的问题做出回答，怎么办？那你也要向对方做出反应，礼貌地说明原因，比如"不好意思，我现在有点急事要处理，稍后给您回复"等。这才是正确的做法。

　　不过，及时回复并不意味着每次收到别人的信息都立刻回复。当你面临下面的情况，比如正在过马路，有人向你招手或喊话，这时候你一定要注意自身安全，等确信来到安全地带后再回复对方。

Tips

面对他人的询问，一定要及时回应。

及时回应作为双向的沟通过程，有利于建立彼此信任的人际关系。

不仅日常对话时要及时回应，在使用电话、网络等交流手段时也要做到如此。

情景式提升

放学回到家，你打开作业，认真思考老师留下的题目，正在这时，妈妈突然在厨房对你喊话，你会（　　　）

A. 大叫："烦死了，没看到我正写作业呢嘛！"

B. 回应妈妈"等一下"，然后先把思考的题目做完，再去厨房问妈妈什么事情，并请她以后尽量不要在写作业的时候打扰自己。

C. 作业要紧，老妈的事情待会儿再说。

D. 砰的一声关上门，不予理睬。

养成与改变

用一天的时间，着重观察自己在及时回应这方面做得够不够。

家庭互动

和爸爸妈妈一起注意一下自己今天的言行，在别人询问时，你们都及时回应了吗？回应的态度如何？最好能互相监督，毕竟在玩耍或者做家务的时候，我们总会因为太过投入而忽视了外面的世界。如果爸爸妈妈向你提出了这一问题，希望你能认真对待；要是爸爸或妈妈轻视这个问题，你也可以表达自己的不满哟！

我不可以说谎——谎言究竟会带来什么

前几天，有一位小朋友问我："爸爸妈妈告诉我一定不可以说谎，这到底是为什么呢？"

回答他的问题之前，我先给他讲了一个故事。

2800 年前，西周的最后一个君主，叫周幽王，他特别喜欢一个叫褒姒（sì）的妃子。褒姒可是一个大美人，但不知道为什么，她却从来不笑。周幽王为了博美人一笑，想尽了一切办法，但都没有成功。

后来，他点燃了烽火台的狼烟。古代的狼烟，相当于我们现在的警报，它不容易被风吹散，远方的人看到狼烟，就知道出了大事。所以诸侯们看到狼烟，以为周幽王遇到了危险，赶紧带着自己的将士赶到皇宫。来到皇宫一看，到处歌舞升平，一个敌人的影子也没有。看着诸侯们又慌张又疑问的样子，褒姒终于笑了。

周幽王很开心，于是过了一阵，他又一次点燃烽火，诸侯们也再次白跑了一趟。

没过多久，北方的敌人入侵，周幽王赶紧命人点燃烽火，可这一次，诸侯们并没有赶来。敌人攻破了周朝的国都，周幽王也被杀死了。

你可能会问，周幽王不就是点燃了几次烽火，为什么会付出那么大的代价呢？原因就是他欺骗别人，失去了别人对他的信任。

如果一个人总是喜欢说谎，那人们就会因为害怕受到欺骗而选择不再相信他。父母为什么告诉我们不可以说谎？就是因为我们还不知道说谎会造成怎样的后果。看了这个故事，你是不是也明白了爸爸妈妈的用心了呢？

说谎，是一种很不好的品行。它不仅让你丧失别人的信任，你也会因为担心谎言被揭穿，而整日处于担惊受怕之中，稍微一点风吹草动就能让你惊慌失措。长期这样下去，再强大的人内心也会崩溃的。

周幽王连着谎报军情，是为了博褒姒一笑，很多人连续说谎是为了圆谎。

什么叫圆谎呢？当我们为了某一件事说谎之后，事情并没有结束，为了这个谎言不被揭穿，就需要再说一次甚至多次的谎。一个谎言就够让人心力交瘁了，那么多谎言压在自己身上，总有一天，会连你也不清楚自己到底哪句是真话，哪句是假话，这时候，不露馅怎么可能呢？

有一个成语叫骑虎难下，来形容这种感觉再合适不过了。想象一下自己骑在老虎背上的心情，打又打不过，下又下不来，左右为难的样子，可以说正是圆谎时候的感觉了。

　　再给你讲一个关于圆谎的故事，你就会深刻理解了。

　　以前有个富翁，平时最大的喜好就是说谎，而且说的全是荒诞不经、不着边际的话，听的人都笑话他，他却觉得无所谓。富翁的儿子觉得很丢脸。

　　于是有人向他儿子建议："江山易改,本性难移。你的父亲有这个爱好，恐怕很难改正了，不如花钱请一位机智灵活、善于圆谎的人伴随他左右，替他圆谎。"

　　不久，富翁的儿子为他高薪聘请了一位能说会道的先生，人们都喊这位先生"圆谎先生"。

　　有一天，富翁和先生到江边散步，碰到几个邻居，富翁说："昨天我和先生在江边游玩，看见对岸有人拿着大斧头砍树，因为用力过猛，斧头掉进江里了，但是一会儿又漂了起来，我一看斧头竟然没有把儿，你说怪不怪？"邻居都笑他："没把儿的斧头能浮过江来？那大概是演戏用的木头斧子吧！"圆谎先生解释说："没错，我也亲眼所见，只是那斧头砍在一根木头上，连着木头一起漂过来的。"

　　不一会儿，有邻居说："昨夜风刮得真厉害，我家门前一棵小树都给拔了起来。"富翁马上接着说："这算什么？我家院子里的水井都给吹出了墙外。"邻居又大笑他太荒谬了。圆谎先生说："别笑，我家主人说的墙实际上是一堵竹子编的篱笆墙，墙根下有井，昨夜篱笆被狂风吹过，竟然

为了逃脱打碎花盆的愧疚而说谎，虽然能获得一时的心安，却会让你的诚信出现裂痕。

越过了水井向内移动，水井反而在墙外了，的确是我亲眼所见。"

又过了些天，富翁正在喂一头肥牛，圆谎先生看了，称赞牛很壮。富翁又来了劲，一本正经地说："当然了，这是我家的宝贝万里牛，我刚乘着它到爪哇国游玩了一趟，所以我亲自用十斗大辽国的人参喂它。"这个时候，没人想再继续和他交流下去了，圆谎先生也支吾一声走开了。

不久，富翁病重，对圆谎先生说："我想上天堂，你有办法吗？"圆谎先生感慨地说："当然可以了，只要骑上你那吃大辽人参的万里牛就行了！"

故事讲到这里，那位小朋友的提问我可以先回答一部分了。爸爸妈妈告诉你不可以说谎，是非常有道理的。就像故事中的富翁一样，谎言都有不攻自破的那一天。到了那个时候，你不仅会失去周围人的信任，也会给自己造成很大的伤害。

有的小朋友会说，其实我也不想说谎，可是我做错了事情，我怕爸爸妈妈生气。

我在小的时候也是这样的，我非常明白你们的想法，但我还是要告诉你，勇于承认错误不会让爸爸妈妈生气，而说谎会令他们失望。

说谎这件事就好像有一个人打碎了玻璃，面对一地的碎玻璃他没有选择打扫，而是在上面盖了一块漂亮的花布。看上去好像什么都没有发生，但是碎玻璃仍然存在。因为花布的掩盖，后面的人踩上去受伤的可能性反而增加了。

所以我的忠告是，谎言可以暂时掩盖事实，可以获得一时安宁，但是却没有办法彻底解决问题，并且有可能伤害别人，也会伤害自己。时间久了，危机就会爆发出来，说谎者的信誉也就不复存在了。信誉失去得容易，可要重建就十分困难了。

这时我们再看当时用谎言换来的片刻安宁，是否值得我们这样做呢？更可怕的是，说谎一旦成为习惯，就会像影子一样跟随我们，到时候再想摆脱它，简直比登天还难。

和说谎相反，诚实是一种难能可贵的品质。曾经，美国的一位心理学家做过一个调查，他将人应该具备的良好品质和可能会有的不好的品行列了一张表，让路过的人进行选择。结果显示，评价最高的是"诚实"，人们最厌恶的则是"说谎"。这个调查说明了什么，就不需要我多说了吧。

诚实的人不撒谎，不欺骗，看似什么也没做，只是什么都如实相告，据实诉说，甚至有点笨笨的，但就是这可贵的诚实，使他打败了耍小聪明的说谎者。

诚实的人更容易赢得别人的信任和尊重，一旦形成口碑，那些即使没和他接触过的人，也会对他抱有好感，想要和他交往，因为人们是不会拒绝一个受到大家认可的人的。而如果这个人遇到了困难，比起爱撒谎的人，他也更容易获得大家的支持和帮助。

希望现在的你们，能认真对待父母的忠告，做一个诚实的孩子，就是最好不过的啦！

Tips

说谎是很不好的品行，不仅会让我们失去别人的信任，我们也会因为说了假话而整日处于担惊受怕之中。

和说谎相反，诚实是一种难能可贵的品质，人们也更喜欢和诚实的人交往。

情景式提升

琪琪在家里玩，一不小心把爸爸心爱的花瓶打碎了，她的心里害怕极了，生怕爸爸会生气。爸爸回到家，问花瓶怎么摔碎了，琪琪说："是小狗碰到的，花瓶掉在地上，然后就摔碎了。"琪琪的做法对吗？（　　　）

A. 不对。

B. 对。小狗又不会说话，先把罪名安在它身上，躲过这一关再说。

家庭互动

你听过《狼来了》这个故事吗？如果听过，能不能完整地讲给你的爸爸妈妈？如果没有，那就让爸爸或妈妈讲给你听吧！

作为父母的你，如果孩子有撒谎的苗头，也不要特别紧张，有时候孩子是出于自我保护的目的，而选择撒谎这个错误的方法。其实，他们也不清楚到底什么是对什么是错，所以，这需要你的正确引导，而不是盲目武断地全盘否定或一刀切，有时候甚至可以在当时接受孩子说的谎话，然后等孩子情绪平复下来，再和他好好沟通交流，因为只有了解孩子的内心需求，才能对症下药，帮孩子改掉爱撒谎的毛病。

志玲姐姐
给小朋友的
修养课

PART 2

行动的巨人

——举手投足的力量

大吼大叫，真是糟糕——管好你的小脾气

凡事提前十分钟——守时是最好的第一印象

每顿饭都吃得优雅——小小餐桌上的大礼仪

不属于我的东西我不拿——「拿」和「偷」只有一步之遥

大家的东西，你也有份——爱护公物，爱护公共环境

站在你自己的位置就好——有序、礼让地使用公共资源

细菌不是用来「分享」的——讲卫生，才能不被细菌侵袭

「借」的意思是我会归还——不讲信用，就会失信于人

良好的修养不仅体现在说话上，还体现在行为举止上。待人接物、举手投足，虽然看起来都是一些细枝末节，但它们好似一面镜子，能映衬出你修养的模样。

　　行为上的修养和礼仪规范不是完全等同的。一个人在外面彬彬有礼，回到家却大呼小叫、颐指气使；在别人面前看起来得体大方，毫无缺点，但在别人走后却立马换了一副厌恶的模样，这都不能说他是一个有修养的人。

　　真正有教养的人，一定是一个从心里愿意尊重别人，也善于尊重别人的人。对他来说，一切举止早已习以为常，深深刻在了骨子里，也因为做起来自然而然，所以总给人十分舒服的感觉。

　　举手投足间所蕴含的秘密，只要善加体会和把握，一样会对你的人生产生极大的影响，多多实践之后，修养就会自动来到你的身边。

大吼大叫，真是糟糕——管好你的小脾气

这节课开始之前，我们先来猜个谜语：

没有牙和爪，伤人像尖刀。

没有腿和脚，快得像虎豹。

尖刀要归鞘，虎豹要关牢。

（打一种行为）

这是什么呢？猜出来了吗？我要说答案了！

答案就是：发脾气！

这个谜语告诉我们的是，乱发脾气，对别人大吼大叫，甚至说出一些很难听的话来，真是最糟糕的事了！对别人造成的伤害，简直像刀子一样！而且，坏脾气这个东西，平时看不见摸不着，发作起来却像豺狼虎豹，一下子就冲出去了，拦都拦不住，张开大嘴巴，就要咬人了！

所以，我们一定要非常谨慎小心，把自己的脾气管理好，不要让它伤到别人。

说到这里，可能你会觉得有一点奇怪，为什么乱发脾气会伤害别人呢？我并没有真的打人、踢人，只是吼几句而已啊。

嗯，我们来假设有两种情况：第一种，有个小男孩在外面玩，因为跑得太快，不小心摔倒了，擦伤了膝盖。第二种情况，小男孩的爸爸对他发脾气，对他大吼大叫，还很凶地骂他。你觉得，这两种情况，哪一种对小男孩来说更痛苦呢？

我觉得一定是第二种。第一种情况，小男孩擦伤了，当时虽然疼，但很快就会自己爬起来，可能找家长擦一点红药水，然后就蹦蹦跳跳地继续去玩了。但第二种情况，虽然小男孩的身体并没有受伤，但他心里很害怕，很伤心，很委屈。如果爸爸不向他道歉，小男孩的心里就会难受很长时间。他会在心里哭喊：爸爸不爱我了！我再也不要原谅爸爸！

为什么第二种情况小男孩会更痛苦呢？因为爸爸向他大发脾气的同时，向他输出了愤怒和暴躁，这种负面情绪伤害了小男孩的心灵。而我们人类的心灵是非常敏感的，比我们的膝盖、手臂都要敏感，心灵受到的伤害，比膝盖、手臂受到的伤害更严重。所以现在你知道，乱发脾气，大吼大叫，对别人说很凶的话，是会伤人家的心的。

再讲一个小男孩和爸爸的故事，这个故事里的爸爸就可爱多了。

有一个小男孩，经常对别人发脾气。他的爸爸很担忧，想帮他改掉这个缺点。父子俩就达成一个协议，每当小男孩发一次脾气，他就往家门口的木栅栏上钉一枚钉子。过了一段时间，木栅栏上钉了好多钉子，每一枚都是小男孩发脾气的记录。小男孩每天从门口经过，看到被钉得密密麻麻的栅栏，觉得很羞愧。

这时候，爸爸对他说："如果你能坚持一整天都不发脾气，就可以拔掉一枚钉子。"小男孩可高兴了！渐渐地，他可以很好地控制自己的脾气了，没过多久，他就把栅栏上的钉子全都拔掉了。

等他拔掉最后一颗钉子的那天，爸爸拉着他的手到栅栏边小小庆祝了一下，然后对他说："你看，虽然钉子拔掉了，但栅栏上留下的伤痕却无法抹平——我们对别人造成的伤害也是这样。"

现在你知道，乱发脾气凶别人，是非常糟糕的，真的会伤人家的心，并且会留下伤疤。

那么问题来了，怎么样才能控制住自己，不乱发脾气呢？

我有三个法宝给你，叫控制脾气三连问。当你真的控制不住，脾气快要像老虎一样冲出来的时候，你在心里喊一声"停"，然后问自己第一个问题：我这个脾气来得合理吗？

我同桌有个玩具，我也必须得买，不给买就发脾气！

妈妈答应了周末带我去游乐园，但她身体不舒服不想去了，我要发脾气！

原本我是同学中的"司令"，现在他们竟然新选了一个"司令"，我

一个人的修养好坏，不能看他平静的时候，要看他愤怒时的状态。

不会控制自己的脾气，对自己，对他人，都是一种伤害。

要发脾气!

怎么样,很好笑是吧? 这些发脾气的理由,很明显就是不合理的。过不了"合理性"这一关,还是把你的脾气收回去吧!

控制脾气三连问之二:我的脾气应该找这个人负责吗?

同学们不让我当"司令"了,我不好意思对同学发火,正好这时候奶奶来接我,我冲上去对奶奶大吼一通,来发泄我刚刚的挫败感!

向无辜的人发泄怒火,这叫迁怒,是很低级的行为。孔子曾经称赞他最钟爱的学生颜回,说他"不迁怒,不贰过"。你看,不迁怒是圣人都非常赞许的美德。

控制脾气三连问之三:我能不能换个好点的表达方式?

有的时候,我们的亲人、朋友真的会做错事情——毕竟每个人都可能做错事,对不对? 我们可能真的很失望、很生气,但这个时候,如果你大吼大叫,大哭大闹,说一些凶狠的话,这是很没效率的表达。因为你情绪过于激动的时候,话是说不清楚的,对方并不能理解你的意思,也不能认识到他们的错误,只是心想:真是个坏脾气的小孩! 不要理他,过一会儿他自己就好了。

这个时候,不如先镇定下来,严肃并清晰地对他们说:"你的行为是错误的,我已经生气了,你应该道歉并改正!"这样对方就能明确地了解你的意思了,并且会在心里赞许你:这个小朋友真不简单,年纪这么小,就这么有沟通能力,情商真高!

怎么样? 控制脾气三连问,你记住了吗? 问过这三个问题,你就再也不是乱发脾气的大老虎了。

下面我们进入今天最后一个话题：万一，我没能控制住我的脾气，冲别人大吼大叫了，怎么办？真的像前面故事里的爸爸说的，留下的伤痕没办法消除了吗？

其实，事情并没有这么悲观。因为我们的亲人、朋友，他们还是爱我们的，凭着这份爱在，我们还是有办法做出一些弥补，把心灵的栅栏重新修复好的。是什么办法呢？

当当当当当，那就是——道歉！

还记得第一节课的内容吗？是不是讲过类似的情况呢？不过，比起第一课的概述，我们这里针对的情形更加具体了。

道歉能帮我们重新赢得友谊，赢得爱，能道歉的人最强大！

道歉的方式非常重要。首先，道歉一定要明确地说出来。有的小朋友想，我已经后悔了，我决定以后再也不那样做了，但说出来有点没面子。

可是，你想一想，如果有人无缘无故地对你发脾气，就比如说是爸爸对你发脾气，你是不是非常希望能听到爸爸的道歉？听到他的道歉，你是不是心里就舒服多了？如果爸爸只是放在自己心里想一下，而不告诉你他的歉意，你怎么知道他是不是有歉意呢？所以说，道歉一定要明确地说出来，让对方接收到我们的歉意。

其次，道歉的方式一定要正确。我说三种道歉的方式，你一看就知道哪种是正确的：

A.（小声、快速、模模糊糊地）对不起，我以后不再这样了。

B.（很大声、凶巴巴地）对不起！我都说对不起了！你还要怎么样？

C.（诚恳、清楚地）对不起！我刚才做错了，你能原谅我吗？

肯定是 C，对不对！道歉一定要诚恳，说清楚自己的歉意，求得对方的原谅。根据情况，还可以加一个香吻、一个拥抱或一根棒棒糖，效果就更好了！

好了，今天说了这么多，你的收获怎么样呢？我们用一首诗来把今天学习的内容总结一下吧！

大吼大叫真糟糕，伤害别人像尖刀。

控制脾气三连问，老虎变成小花猫。

万一失控犯了错，看谁道歉本领高！

Tips

乱发脾气比拳打脚踢更容易带来内心的伤害。

想发脾气时，学会使用控制脾气三连问。

实在没有控制住自己的坏脾气时，事后要真诚地道歉。

情景式提升

童童家新来了个小弟弟，只是这个小弟弟太淘气了，不仅随意玩童童的玩具，有的还给弄坏了。童童很想发脾气，但小弟弟却先他一步，只要不给他玩具玩，不顺他的意，他就大喊大叫，大闹一通。童童真是无奈极了。如果你是童童，你会怎么做呢？（　　　）

A. 我比弟弟大不了多少，为什么我要让着他？我也要吼，我也要叫。

B. 这样的情况可真难办，算了，不管了，玩具以后再买得了。

C. 心里好气呀，但如果我也发火，情况肯定会变得更糟，还是去找爸爸妈妈吧，把情况告诉他们，他们肯定有更好的办法。

D. 眼不见心不烦，赶紧把小弟弟赶走，这样剩下的玩具也能保住了。

养成与改变

亲爱的你，还记得自己上次发脾气是在什么时候吗？当时的情况如何？你的"气"发在了谁的身上？为此他有什么样的反应？把事情的来龙去脉好好梳理一下，看看要是使用今天学到的"控制脾气三连问"，自己又该怎么做？试一下吧，或许会有意想不到的收获呢！

家庭互动

人作为有情绪的生物，总免不了会有生气的时候。不仅是尚且年幼的你，就连已经是成年人的爸爸妈妈，也会不小心失控发火。和爸爸妈妈一起来场关于脾气的讨论会吧，彼此畅所欲言，看看你都对父母发过什么火，爸爸妈妈又会在什么情况下大声数落过你。如果的确是自己的错误，你应该做出什么样的改变；而作为发脾气的一方，以后遇到类似的情况，又该怎么办呢？一起讨论一下吧！

凡事提前十分钟——守时是最好的第一印象

为什么在做任何事情的时候都要提前十分钟呢?

相信你一定跟着爸爸、妈妈坐过火车、飞机吧。我建议你,在跟爸爸、妈妈出门长途旅行的时候,观察一下那些没能赶上火车的人。

车站一般都有这样一个要求,火车开车前的一定时间内停止检票。但是,每次等车,都会有一些人在火车快要开车的时候才到达火车站。

通常,他们进站后,都会一路狂奔到检票处,气喘吁吁地和检票人员解释,恳求工作人员放他们过检票口。

虽说火车站规定开车前的一定时间内不再检票,但是一般工作人员都会让他们通过,毕竟他们还有机会赶上火车。将心比心,检票员也不忍看着他们错过火车,毕竟一趟车赶不上,浪费的不仅是票钱,可能坏了心情之外,还坏了什么大事呢!

但是,检票员不是每次都愿意放行,遇到严格执行规定的人,可能就是另一种情况了。

小时候，我曾经在火车站遇到一个男孩子，他在火车临开车前几分钟才到达车站检票处。这个男孩子去检票的时候，检票人员不让他通过，说已经停止检票了，火车马上就要开了。于是这个男孩子就和检票员反复抱怨，说检票人员不通情达理，他迟到也是有原因的。但规定就是规定，检票员不让他通过是没有错的。

还有些人，在火车开走后十多分钟才到达车站。看到火车已经开走，他们要么跺脚，要么拿着手机和电话那头的人大喊大叫，可惜，一切都晚了。

当然，这些赶不上火车的人里面，确实有一些是被突发情况耽误了。但心理学家通过调查发现，大部分赶不上火车的人，在生活中也经常拖拖拉拉，无故迟到，比如赴约迟到、上班迟到、开会迟到、谈判迟到……原来，他们在不守时这方面早已形成习惯了。

仔细想一想，你是这样的吗？

早上，妈妈准备好早餐，爸爸在楼下等你，准备送你上学，你却赖在被窝里，一直不愿起床。好不容易起来了，你又磨磨蹭蹭，慢吞吞的，最后的结果是什么？你匆匆吃了几口早饭，下楼坐上爸爸的车。看到快到上课时间了，你在车上着急地催爸爸快点，好不容易到了学校，上课铃声响起，你迟到了。

放学了，同学们都开心地收拾着书包，准备回家，你也和同学们一样，收拾着自己的东西，只是速度明显慢了点。忽然，你发现教室里静了下来，抬起头一看，同学们都走光了。想起爸爸还在校门口等你，你把桌上的东西胡乱往书包里一塞，就冲出了教室门。等到家一检查，发现老师布置的作业忘带了。

和同学商量好的聚会也是一样，你虽然记在了心里，却总是慢悠悠的，等到了地方发现，大家都在等你；再仔细观察一下，大家的脸色很不好，心直口快的人更是直言你耽误了大家的时间。

如果你不是这样的人，那我要代表爸爸妈妈表扬一下你，你是一个尊重别人、拥有守时好习惯的人。

不过，细心的你会发现，你的身边从不缺少这样的伙伴。他无论做什么，总是姗姗来迟，而且每次都能找到各种借口为自己开脱。对于他的举动，你也无可奈何，但时间一长，次数一多，你会发现，他出现的场合越来越少了。因为他的不守时，不尊重别人，大家都不再愿意找他玩耍。

怎么办呢？其实，凡事提前十分钟就能很好地避免这个问题。

凡事提前十分钟，看上去微不足道，其实意义非凡！

提前十分钟起床，喝一杯牛奶，吃两片面包，这会让你有一整天的好心情。

提前十分钟候车，你可以轻松地迈步上车，也许还能找到一个舒服的空位。

提前十分钟上学，整理课桌，温习一下今天的课本，这会让你更快地进入学习状态。

我还想告诉你：凡事提前十分钟，不仅在于提前到达的十分钟内我们能够做多少事情，更在于我们提前十分钟到达所表现出来的自律和态

按约定的时间准时到达，没有例外，没有借口，任何时候都
要做到，这就是守时。而实现这一目标的捷径就是——提前
十分钟，你会更加从容。

度。别人可能会因此对你拥有一个良好的印象，认为你是个自律感强和时间观念强的人，因此愿意和你合作。

有人可能会说：不就是十分钟吗？多大点儿事，有必要这么计较吗？

十分钟真的不重要吗？刚才说的故事，的确只是一些小事情，但如果真的只是因为十分钟而耽误了大事，那就真的得不偿失了。

滑铁卢战役是世界军事史上一次著名的战役。由于争夺战异常激烈，双方伤亡惨重，不分胜负，可以这么说，战斗中的双方谁先等来援兵，谁就有更大的机会获得战斗的胜利。最后，反法联军盼来了三万援兵，而法国部队的援军明明听到了滑铁卢的炮声，还慢吞吞地走，最终被打败了。

看到这里，你有什么感触吗？十分钟在平时微不足道，可在关键时刻却有可能决定一个国家的命运。

提前十分钟这种小事情在平时能够做到，我们才有可能在后面的人生中做出一番大事。想要做出改变的你，快来试试吧，不过千万不要急于求成。一次两次也许不会得到多大的改观，但时间长了你会发现，提前十分钟已经成为你的习惯，深深地刻在了你的脑海中。你会不需要别人督促，就自然而然地养成了做任何事都提前十分钟的习惯。

Tips

凡事提前十分钟，你的生活会更从容。

十分钟看似微不足道，实则意义非凡。

凡事提前十分钟，不仅让你任何事情都从容以待，别人也会因为你的守时而对你产生良好的印象，从而愿意和你合作。

情景式提升

明天要和同学们一起去郊外植树，老师交代植树和上课不一样，一定要做好充分的准备，你应该（　　）

A. 不就是植树嘛，晚一会儿不要紧的。

B. 让妈妈叫自己起床、准备物品。

C. 自己的事情自己做，仔细计划好时间，准备好东西。

D. 每次都有人晚到，这次我要做最后一个，也让大家尝尝等我的滋味。

养成与改变

最近你有过迟到的情形吗？如果有的话，仔细回忆一下，当时是什么原因造成的。是因为自己的懒散，还是他人的拖延？如果下次再遇到类似的情况，应该怎样改进呢？无论是对自己，还是对他人，都可以提出自己的意见。

你身边有爱迟到的人吗？下次留意一下，他的迟到对大家造成了什么影响？人们对他的评价是什么？仔细观察之后，相信你一定有自己的体会。

家庭互动

在爸爸妈妈眼里，你是一个做事拖拉、没有时间观念的人，还是一个守时、懂得尊重别人的人呢？听听他们的说法，如果你在这方面做得不太好，问一下爸爸妈妈，自己的不守时对他们造成了什么影响，以后自己又该如何改进呢？

每顿饭都吃得优雅——小小餐桌上的大礼仪

　　今天，我们来聊一聊餐桌上的礼仪，告诉你如何在餐桌上做一个懂礼貌、乖巧可爱的孩子，把每一顿饭都吃得优雅、得体。

　　其实，餐桌礼仪并不是什么新事物，早在三千多年前的周朝，就已经有饮食礼仪了，那是一个非常讲礼仪的朝代。后来，经过千百年的演进，餐桌礼仪越来越完善，它也因为代表了一种修养和礼貌，越来越受到人们的重视。如果我们平时不注意的话，就有可能会闹出各种笑话来。

　　就比如说，我接下来要和你分享的一个小故事。

　　有一天，明明和爸爸妈妈应刘叔叔的邀请到饭店吃饭。到了吃饭时间，大人们都准备就座，明明发现正对着门的位置很好，视野开阔，于是就跑到了那个座位上坐着。

　　妈妈看见了，就向明明招手让他过来，将那个位置空了出来。爸爸与叔叔相互谦让着，最后叔叔坐到了那个位置上，而明明与爸爸妈妈则坐在了叔叔的旁边。

大家都就座后，明明小声地问妈妈："妈妈，为什么我不能坐在那个位置上？"

妈妈告诉明明："因为那个位置叫上座，是要留给主人坐的。我们是客人，所以应该坐在主人旁边的座位上。如果有爷爷奶奶来了的话，我们也要让他们坐在上座，因为他们是长辈。这是对别人的一种尊重，如果你在平时注意这些问题，大家就会觉得你是一个懂事、有礼貌的好孩子。"

好的，这一点你学会了吗？也就是说，吃饭前要让长辈或者主人先入座，我们作为小朋友，最后才坐哦。

来吧，继续看明明的故事。

妈妈要带明明参加朋友聚会，一个朋友的儿子叫天天，也会一起来。天天学习很勤奋，因此成绩非常好，现在已经是一名高年级的学生了，大家一提起天天都赞不绝口。

到了吃饭的时间，大家就座后开始上菜，菜在餐桌上旋转着。明明看到了一盘最喜欢吃的鸡腿，就耐心地等待盘子转过来，当他拿起筷子准备夹菜的时候，发现鸡腿毫无停留地被转走了。他暗暗地皱了一下眉头，抬头一看，原来是天天，只见天天把那盘鸡腿转到了自己面前，然后直接把盘子端了下去放在了身边。

再一看呢,他的身边已经摆了好几盘菜,满满当当,而大家都还没怎么品尝。当天天把自己喜欢的东西都放到面前后,也没有和大家说一声,直接就吃了起来,狼吞虎咽,嘴巴吧唧的声音一直停不下来,本来热烈的气氛开始变得有些冷场而尴尬。大家默默地把饭吃完,各自打完招呼就散去了。

明明和妈妈与一个阿姨一起走,但她们都没再像以前那样去夸奖天天了,而是觉得这个孩子虽然成绩优异,但是在礼仪礼貌方面太欠缺,缺少对别人的尊重。

妈妈就对明明说:"明明啊,当我们在公共场合吃饭的时候,应该懂得一些礼仪,要学会去尊重别人,关心他人。比如说,吃饭的时候不要出声,不能狼吞虎咽,发出很大的吧唧声,这种做法非常不好。另外,上菜时你也应该注意,不可以遇到自己喜欢吃的东西就把东西端下桌,直接放到自己的面前而不让别人吃了。"

我很赞同故事中明明妈妈的话,你觉得呢?希望你也一样可以做得到。

不过,明明的故事还没讲完。

转眼,中秋节到了,明明与爸爸妈妈也去爷爷家过节,奶奶一大早就开始张罗,做了一大桌的菜。正巧,李叔叔来拜访爷爷,在爷爷的盛情挽留下,这个叔叔也留了下来。

美食在前，人们因为难忍诱惑，容易表现得无所顾忌。要知道，见食忘礼并不可取。用餐时保持良好的举止礼仪，是显现个人修养的关键时刻。

　　桌上摆着满满一桌菜，都是明明爱吃的，奶奶一个劲地给大家夹菜，气氛其乐融融。正在这时，可能是青菜不小心塞了牙，这个叔叔直接用手抠牙，把东西给抠了下来。看到这一幕，大家都愣了一下，有一瞬间的不自然，但又都遮掩了过去。

　　吃着吃着，李叔叔不知道是不是被什么呛着了，对着桌子打了一个大喷嚏！大家都感到很尴尬，都将伸出去的筷子收了回来，没有了胃口，只有李叔叔毫无察觉，继续吃着。

　　李叔叔走后，明明对妈妈说："妈妈，我不喜欢这个叔叔，他用手抠牙，之后又面向桌子打喷嚏，很不卫生，我都不想吃了。"

　　妈妈对明明说："所以啊，我们在吃饭的时候，一定要注意礼节。不然会给别人带来不便，也失了自我修养。"

　　可能有人会问，如果在吃饭的过程中，自己想打喷嚏、擤鼻涕，怎么办呢？看看我为你精心总结的四步曲吧：一转身二低头三捂嘴四阿嚏，不要影响别人哟。

　　如果被菜塞了牙，要记得问服务员要牙签，绝对不能用手去抠牙，剔牙的时候要用餐巾或手挡住自己的嘴巴。

　　用餐的时候，我们都会用到筷子。你现在是不是已经可以熟练使用筷子了？你可能想不到，小小的筷子，也有很大的使用讲究呢。

　　要知道，筷子是用来吃饭的，不是用来玩耍的，所以，一定不要在大家都吃饭的时候，你却在空中挥舞筷子，也不要把筷子当玩具，更不能用筷子敲打餐具或桌子。同时，也不能用筷子指着别人，这是十分不礼貌的行为。一盘菜端上来，不能用筷子胡乱翻动，只挑拣自己喜欢的吃，不喜欢的就拨到一边。这都是十分不好的行为。

如果自己吃饱了，但大人们还在聊天，聊的话题你又不感兴趣，怎么办呢？你可以小声和爸爸或妈妈说一声，自己想出去玩，获得他们的同意后，记得站起身告知请客的主人，说"我吃好了，谢谢您的款待"，然后才能离席。

离席之后，你是不是在想，既然已经离开餐桌了，是不是就可以随便玩耍了？这样的想法是不对的。修养是时时刻刻都要注意的，不能因为场合的不同就放松自己。比如，离席之后，不能围着餐桌嬉戏打闹，你可以在离爸爸妈妈不远、他们可以看到的空旷地方玩耍，切忌妨碍到别人。

现在，人们的生活越来越丰富，平时我们不仅可以吃到传统的中式菜系，有时候还会一尝西餐的味道呢。

去惯了热闹的中餐馆，再看雅致的西餐厅，是不是有点不知道怎么应付呢？比如刀叉应该如何拿？餐巾，我到底应该放在哪里？为什么旁边的人只是出去了一小会儿，盘子就被收走了？怎样才会避免这种情况？现在，我就教你一些基本、简单的西餐用餐礼仪。

刀叉是西餐必备的餐具，就和我们常用的筷子一样。比起筷子，刀叉的用法十分简单，只要记住右手拿刀、左手拿叉就行了。只是，和筷子一样，不能随便挥动刀叉，这是非常不礼貌的，而且可能会伤到别人。

如果用餐的中途想去洗手间，可以把刀叉摆成"八"字形，这样，服务员姐姐就知道你是什么意思了，也就不会把你的餐盘收走了。

餐巾，是每个西餐厅的必备物品，英文叫 napkin。那小小白白的餐巾应该怎么放呢？

有的小朋友说："餐巾要塞在领口上，我在家里的时候，妈妈就是这样给我围的。"

这样对吗？不对，虽然目的是相同的，都是避免弄脏衣物，但具体操作方法是不一样的。餐巾的正确用法是：在坐下后将餐巾放在膝盖上，折成三角形或平铺成长方形都可以。

如果不知道应该怎么做，可以小声问爸爸妈妈，或者观察其他人的做法，慢慢你就学会了。

无论是中餐，还是西餐，用餐的礼仪还有很多，你可以多向爸爸妈妈咨询，或者多多观察，看看能不能发现我没有讲到的优雅礼仪呢？

餐桌上的礼仪习惯，需要我们从小培养。希望我们在今后用餐的时候，学会尊重他人，做一个有礼貌、有素质、有教养的好孩子，把每一顿饭都吃得优雅起来。

Tips

用餐礼仪在我国有着悠久的历史。

吃饭前要让长辈或者主人先入座，作为小朋友，要最后再坐。

用餐时举止要文雅，吃饭时不要出声；看到自己喜欢的菜，不能只顾自己；食物塞牙要用牙签；想打喷嚏要懂得远离餐桌，懂得遮挡。

筷子也有自己的使用学问。

懂得基本的西餐用餐礼仪。

情景式提升

晴晴和妈妈一起参加家庭聚餐，不一会儿，自己最爱吃的红烧排骨上来了，如果你是晴晴，你会（　　　）

A. 排骨要选肉多的才好吃，我先翻翻拣拣，挑一块最大的再说。

B. 把这道菜放到自己面前，反正我最小，谁都不会说我。

C. 等排骨转到自己面前我再夹，实在不行就让妈妈帮忙。

D. 大声喊"我最爱吃这道菜了，谁都别和我抢"。

养成与改变

你会用筷子、汤勺吗？今天，你可以刻意注意一下自己用筷子、汤勺的举动，看看自己用得规不规范，有哪些行为是不可取的。爸爸妈妈见多识广，可以让他们来帮你纠正一些错误的行为，让你形成正确的认识和懂得正确的用法。

家庭互动

在家用餐时，因为心情放松，我们很少注意用餐礼仪。但今天，一起来做个小游戏吧。比如，假装你和爸爸妈妈一起在参加聚会，或者吃西餐，这些场合下，应该注意什么用餐礼仪呢？也可以由你和爸爸一起当客人，妈妈当餐厅的服务员，最后由"妈妈服务员"评选出一位"最佳表现顾客"或是"最有礼貌的顾客"等。开动脑筋，多想几个场景，充满乐趣的同时，还会收获满满呢！

不属于我的东西我不拿——"拿"和"偷"只有一步之遥

　　从前，有个小公主，她爸爸是个非常富有的国王。公主从小生活在王宫里，从不知道什么是匮乏。有一天，小公主到郊外游玩，在田野里，看到一个她从没见过的东西。

　　小公主把这东西举起来，哇，像战斧一样，神气极了！

　　小公主喊："我要把这个带回去！"

　　一旁的随从赶紧说："不行啊，公主殿下，这个是锄头，是农民种田用的，你把它拿走了，农民怎么办呢？"

　　小公主说："那我在这里等着，等它的主人来了，我跟他商量。"可是，小公主等了很久——其实也没有多久，大概 20 分钟吧——还是没有等到锄头的主人。

　　"我等不及了！也许这是别人丢弃的呢！"小公主听不进劝告，把锄头拿走了。可是，还没有等回到王宫，她就没有了新鲜感。

小公主想："这东西不好玩，而且太重了。"她随手就把锄头扔了。

第二天，小公主差不多已经忘记这件事情了。太阳快落山的时候，有个小姑娘在王宫的门口很伤心地哭，国王命人把小姑娘带进来。小姑娘边哭边说，她家有一把很好的锄头，种田全靠它。可是昨天，她把锄头放在田里，回来的时候，锄头却不见了，全家人找了一天，也没有找到。没有办法，她只好来求国王。

小公主在一旁听着，凑到国王的身边，小声地说："糟了！是我把锄头拿走了，可是，我不知道丢到哪里去了。"

国王很生气，命令小公主立即坐着马车沿途寻找，但是怎么也找不到。

国王说："你必须赔偿一把一模一样的锄头给这个小姑娘，并且你不能使用你公主的身份，要靠你自己的双手去努力。这样你才懂得这世界上没有哪件东西是容易得到的，你也就不会再随便拿别人的东西！"

这下小公主可为难了，她想了想，去向铁匠求助。

小公主说："铁匠叔叔，您能帮我打一把锄头吗？这样我就可以把锄头还给小姑娘，让她不再悲伤了。"

铁匠说："可以是可以的，不过你看，打铁需要烧火，可我的柴火用完了，如果你帮我找一大捆柴火来，我就帮你打一把锄头。"

到哪里去找柴火呢？小公主边走边想。一路上，她遇见很多堆积的柴草垛，但这回小公主可不敢去拿了！走啊走，走到一片树林，她看见很多干枯的树枝掉落在地上。小公主问："树林啊树林，这些地上的树枝可以送给我吗？"

　　树林说:"可以是可以的,不过你看,我的树木都干枯了,如果你给每棵树都浇一桶水,我就把地上的枯枝都送给你。"

　　小公主向四周一望,这树林还不小呢,每棵树都浇一桶水,要花很大的力气呢!爸爸说得对,没有什么东西是容易得到的!

　　小公主需要找一个容器来装水。她走进一个村子,看见一家院墙下放着一个水桶。她问:"请问有人在家吗?"一个老奶奶的声音从房子里传出来:"是谁呀?"

　　"亲爱的老奶奶,我想借用一下您的水桶,可以吗?"

　　"可以是可以的,我的眼睛看不见,你自己拿吧。不过,你可以唱首歌给我听吗?你的声音真好听!"

　　小公主为老奶奶唱起歌来,她的声音像夜莺一样美好,老奶奶听着,听着,回想起她童年的时候,跟父母到树林里游玩时听到的鸟鸣,感动得流下了泪水。她叹道:"啊,孩子,你唱得多好啊!你一定是位公主!"

　　小公主不好意思起来,她想起爸爸说,不可以利用公主的身份,她说:"谢谢您的称赞!我爸爸说,每个女孩子都是公主!"

　　这样,小公主借到了水桶,她从河边一桶桶地取水,浇灌树林里的每一棵树。她流了许多许多汗水,手掌磨出了水泡,终于让所有的树都喝饱了水。树林高兴极了,送给她许多许多柴火。铁匠也高兴极了,给她打造了一把非常好用的锄头。

　　当小公主最终把锄头送到小姑娘手中的时候,她俩都高兴得欢跳起来。小姑娘说:"太感谢你了!这锄头比我想象的还好!"小公主说:"应

路边别人遗失的东西，不能因为主人不在旁边，

就捡起来据为己有。

该感谢你！你让我懂得了一个重要的道理！"

　　小公主懂得了什么道理呢？是的，聪明的你一定猜到了。我讲了这么长的故事，就是要告诉你，不属于你的东西是不可以随便拿的，必须要事先征得主人的同意。刚开始，小公主随便拿别人的东西，给别人造成了麻烦，后来她认识到了错误，并且通过自己的努力赔偿了别人的损失，小公主还是个很可爱的小朋友，对不对？

　　不属于我的东西我不拿，这个道理听起来很简单，但其实这里面包含了两个层次的道理：

　　第一，对于别人有用的东西，我们不能拿，以免造成别人的不便；

　　第二，就算是别人没用的东西，我们也不能拿，以免养成自己的贪婪。

　　一个女生和朋友约在餐厅吃饭，外面下着雨，客人们都把雨伞放在餐厅门口的伞架上，可是，等用过餐出来的时候，女生的伞却找不到了。

　　朋友愤愤不平地说："一定是哪个人自己没带伞，偷了你的伞！"

　　女生说："不，可能只是拿错了吧，有的伞长得很像。"

　　"那你也随便拿一把差不多的伞吧，不然你就要淋雨了。"

　　"那样的话，别人就会淋雨。"女生用包遮住头，跑去打出租车。

　　在出租车上，女生发现座位底下有一把伞。司机说："是之前的乘客忘记的，你需要的话就拿走吧，谁也不会为了一把伞找来的。"

　　女生说："谢谢，但是我不能拿，这不属于我。"

女生为什么坚持不肯拿别人的伞呢？如果说在餐厅里，伞有它的主人等着用，那么在出租车上，伞已经被主人丢掉了，为什么也不能拿呢？

我觉得，这个女生一定是在内心对自己有着很高的要求，她尽量让自己远离贪婪的诱惑。

贪图不属于自己的东西，会助长贪婪之心，比如，一开始只是接受了座位下的雨伞，但一旦对自己放松，就会慢慢变得越来越肆无忌惮，还理所当然。要知道，"拿"和"偷"只有一步之遥。而"偷"，这可就是个法律层面的问题了。

一个主人对他的东西的所有权，叫作"物权"。当我们说"这个玩具是我的""这本书是我的"，这样简简单单的一句话，其实背后有一整套法律的支撑。《宪法》和《物权法》都规定要保护人的物权。物权，是人的权利的重要组成部分。

不经别人同意就随便拿人家的东西，如果不还给人家，而是以"占有"为目的，就已经在"偷"的范围内了，这是触犯法律的行为，非常严重。

所以呢，下次你想用小朋友的蜡笔的时候，或是想借一把挖沙铲的时候，你要想到，这可不是一件小事情！这是人家的物权！这个物权是受法律保护的呢！

有人可能会问："别人的东西不能拿，那公共场所的物品呢？比如公交车、地铁、学校、图书馆，这里既没有收银员，也不属于任何一个人，我们是不是可以随便拿呢？"

更不可以哟！公共场所的东西虽然不属于具体的某一个人，但也有自己的"所有人"，那就是它所归属的机构或集体，而这些东西的配备都是为大众服务的。

如果我们随便拿公共场所的东西，会出现什么样的情况呢？想象一下，公交车上没有了座椅，地铁被拆得没法行驶，学校里空空荡荡的，图书馆的书架空空的，这些地方还能再为我们服务吗？肯定不能！而从这些地方"拿取"物品，是要负法律责任的，罪名是什么呢？很简单，那就是盗窃。

所以，不仅是私人的物品不能未经别人同意就随便拿，公共场所的东西更是如此。

还有一种情况，看到别人丢失的东西，我们应该怎么办呢？还记得上面故事里丢伞的那位小姐姐吗？她的做法很值得学习呢！

但是，遇到很贵重的东西呢？比如，小区的椅子上有一只被人遗忘的背包，在超市里买东西的时候看到地上有一部手机……这个时候，我们还是不能拿。除了不能拿，我们还要把东西捡起来，交到附近的派出所，由警察叔叔来寻找失主，让东西物归原主。

怎么样？下次再遇到自己十分喜欢但又不属于自己的东西，你知道应该怎么做了吗？

Tips

未经别人同意就随便拿别人的东西，是会触犯法律的。

公共场所的东西属于它所从属的机构或集体，任何人都不能随意拿取。

情景式提升

童童特别喜欢幼儿园里的玩具小汽车，他爱不释手地玩了一天，临到放学了，依旧不舍得。怎么办呢？对了，把小汽车拿回家，明天我再带回来不就行了。这样想着，童童把小汽车放进了自己的书包里。请问,童童的这种做法对吗?（　　　）

A. 对。已经放学了，小汽车也不会有人再需要它了，何况童童只是拿回家玩一晚上，第二天就会再拿回来，没关系的。

B. 不对。

养成与改变

生活中，你有不经同意就随便拿取别人物品的情况吗？哪怕只是一支小小的铅笔、一颗小小的弹珠、一张薄薄的纸，都不行哦！如果有，那你在用完之后还给对方了吗？如果没有，你应该怎么做呢？下次再想借别人的东西，又应该怎么做呢？

家庭互动

有的小朋友可能会说，家是属于爸爸妈妈和我的，家里的任何东西我都可以随便拿取，真是这样的吗？比如爸爸的公文包、妈妈的工作簿，也可以随意拿吗？一起和爸爸妈妈讨论一下这个问题，在需要他们的东西时，幼小的你应该怎么做呢？

大家的东西，你也有份——爱护公物，爱护公共环境

看到这个题目，你是不是有点疑惑？其实，除了你自己的物品之外，这个世界上你拥有的还远远不止这些。你自己的物品只是你拥有的所有东西的十分之一。

你可能会问，啊？我有这么多东西吗？那剩下的十分之九都在哪儿呀？

让我给你讲一讲。

你每天上课的时候，拥有小课桌、小椅子和黑板；你走在大街上的时候，拥有干净的路面；在你家旁边的公园里，你还拥有四季不停变换的花香。

这些东西，它们都属于你。大家共同拥有的东西，你都有份！

怎么样，是不是很惊喜！你看你拥有了这么多的东西！

但是有些人不知道这个道理，会把大家共同拥有的东西取走，或者是弄坏。

我小时候读过一个很有意思的故事，现在就讲给你听。

有一天，小南做了一个梦，在梦中他变成了一朵蒲公英，飞来飞去，特别欢乐。这个时候，一阵哭声传来，一阵风将他吹到了电话亭的旁边，原来是电话亭中传来的声音。他急切地问："电话亭姐姐，你今天是怎么了？为什么闷闷不乐的，是不是有人欺负你了？"电话亭边哭边说："我乐于帮助人类，而他们却不爱护我，不光伤害我，还在我'脸上'乱涂乱画，弄得我浑身疼痛难忍。"

刚听完电话亭姐姐的诉说，一阵风又把小南吹到了大树上，小南听到了两个调皮的男孩子的谈话，一个说："哈哈，我费了九牛二虎之力，把路面的井盖给挪走了，你说我厉不厉害？"

另一个说："那算什么？我刚刚用石子把路边的路灯打碎了，是不是扔得很准啊？"

正当小南想发脾气的时候，一阵风将他带到了美丽的公园里，这个时候，他看到了在公园的草坪上，到处都是人们丢弃的垃圾，而垃圾桶却被破坏得面目全非，小草也被垃圾压弯了腰。

小南想不通，为什么大家会去毁坏电话亭，又为什么会去挪动路边的井盖，打碎照亮黑夜的路灯呢，就连美丽的公园也被弄得脏兮兮的？

这个时候，那阵风突然说话了："因为人类只想着自己，既不在乎给他们带来便利的物品，也不在乎美丽的环境，唉，如果再这样下去，这个城市就不会像现在这么漂亮了。"

共有的公物，良好的公共环境，它们不需要我们花费一分一厘，
却为我们的生活筑起最坚实的屏障。

风的话刚刚说完，小南一下子从梦中醒来，原来这只是一场梦而已。小南心想：幸亏这只是一场梦，如果是真的，那该多可怕呀！于是，他暗自决定，要从自己做起，从小事做起，并且告诉身边的小伙伴：要爱护公共物品，爱护美丽的环境。

小朋友，刚刚故事中说的不好的行为，有没有在你的身上出现过呢？如果没有的话，那我要给你点一个大大的赞！要是有的话，没关系，你也不用担心，看完了我讲的这个故事，从现在开始改正自己的行为吧。

我再问你："公交站牌上面污渍斑斑，小广告贴得满街都是，路边长椅被推倒，城市雕塑被损毁，垃圾箱被损坏，是不是都是人将它们破坏了呀？可是这些东西，都不是我们一个人独自拥有的，是大家共同拥有的，所以，我们没有权利去破坏它们，也不能去破坏它们。"

像踢倒一个垃圾桶、毁坏一棵树、踩踏一块草坪、砸烂一块玻璃，这些行为不仅让物品和环境受到了破坏，而且也让我们的城市形象和生活环境变得越来越糟。公共物品和公共环境是为我们服务的，需要大家共同去爱护它们，破坏它们等于制造麻烦。不信，我再给你讲一个故事。

从前，在东方和西方，生活着两个村落的人，一开始，他们都过着无忧无虑的生活。

生活在东方村落的人，他们之间有一个约定：为了保护好自己赖以生存的家园，每个人都不能随便破坏环境，对任一土地的开垦，都需要得到全村落的人同意才行。大家都认真地遵守约定，保护环境，勤勤恳恳地在可耕作的土地上种植，一直过着无忧无虑、幸福安乐的生活。

而生活在西方村落的人，每个人心里想的是：反正我们的土壤肥沃，土地也有很多，随便占用一些地方，建个高楼大厦，不会有什么影响。结果呢？在西方村落生活的人，最终把土地全部都占用完了，因为没有了种植食物的地方，很多人都饿死了，活着的人为了生存，只能离开赖以生存的家园，外出流浪寻找新的落脚地了。

可见，爱护公共环境是多么重要。公共环境不是每一个个体的，而是我们大家的，需要每一个生活在其中的人用心去呵护。如果不去爱护，而是肆意地破坏它们，最终就是给我们自己找麻烦。

不知道有没有小朋友在暑假的时候，跟爸爸妈妈一起看足球，看世界杯呢？如果没有看也不要紧，我给你讲一个其中的小趣事。

在世界杯上，有许许多多的球队，经过奋力拼搏之后，还是很可惜地输掉了比赛，可是，他们国家的球迷并没有因为输球就不管不顾地离开场地，而是将自己在看球赛过程中制造的垃圾一一收拾干净之后，才离开球场。这样的举动，受到了大家的赞赏和认可。

其实，我说了这么多，就是要告诉你一个很简单的道理：我们要爱护公物，爱护公共环境。因为这是我们大家共同拥有的东西、共同生活的地方，所以，大家的东西，你也有份。

那怎么才能更好地爱护公物，爱护我们美好的环境呢？

　　不知道你有没有发现，我们的周围有各种各样的标语，比如"禁止乱倒垃圾""举手之劳，美化校园""小草有情，脚下留情"等，这些都是在小区或校园等公共区域经常能看到的，目的就是保护我们的环境。正是有了这些或善意或严肃的提醒，我们的家园才能一直保持干净整洁的面目。

　　除了这些之外，还需要我们每个人自觉地行动。

　　夏天的一个周末，西西所在的城市下起了雨。雨停了，西西想和爸爸妈妈一起出去吃饭，但刚走出小区门就发现路上一片汪洋，水都漫到大人的小腿肚了。西西刚想说，雨下得并不大啊！忽然，她看到隔壁小区的珊珊在向自己招手，西西抬头一看，珊珊所在的小区前面一点积水都没有。问题出在哪里呢？原来，西西的小区前面有一些小饭馆，因为贪图方便，饭馆的人经常把垃圾直接倒在下水道里，平时倒看不出什么，这次一下雨，麻烦就来了，雨水没处去，自然就"水漫金山"了。

　　公共环境是大家的，只有一起爱护它，遵守社会规范，才能享有一个和谐的家园；否则，每个人都只顾自己，这个乱倒，那个乱扔，再美好的环境也会变成垃圾场的。

　　不只是我们生活的环境，外出旅游时，参观文物古迹时，也要做到这一点。有的人在家可能很注意，但和父母出去游玩时，可能因为累了，手里的垃圾就开始随手乱扔乱丢，或者因为新奇，到处乱攀乱爬，这样都是不对的。一个地方能成为景点，供大家游览观赏，是因为这里历史悠久、环境优美。如果文物古迹被破坏，环境也变得脏乱不堪，谁还会来呢？所以，只有大家一起爱护这里，让这里一直赏心悦目，才能吸引更多的人前来。

爱护公物和爱护公共环境做起来也很简单，但难的是长久地爱护公物。不过，你也不用担心，一旦养成习惯，让它成为如影随形的好品行，就不是什么难事了，你会自觉自发地爱护周围的一切的。

如果你发现身边有小朋友不爱护公物，或者不爱护公共环境的时候，需要及时地制止他，你也可以把我今天讲的故事讲给他听，然后告诉他：大家的东西，你也有份。

现在，让我们一起成为一个真正有修养、文明、有责任心的人吧。

Tips

爱护公共物品，爱护美丽的环境。

学会留意身边的各种爱护环境的标语。

自觉自发地爱护我们的环境，爱护公物。

情景式提升

乐乐被安排今天做值日，等大家打扫完卫生后，由乐乐去倒垃圾。乐乐拎着垃圾桶，往楼下的垃圾箱走去，这时候，他发现身边一个人都没有，看着重重的垃圾桶，再望望草坪旁边的垃圾箱，乐乐动起了小心思。如果你是乐乐，你会怎么做？（　　　）

A. 反正身边没人，把垃圾倒角落里就行了。

B. 穿过草坪，抄近路，既快又方便。

C. 一定要把垃圾倒进垃圾箱里，再累再重也要做到，实在不行就找个同学帮忙。

D. 垃圾已经在垃圾桶里了，我把垃圾桶放到某个不碍事的地方就行了。

养成与改变

你注意过身边那些要求我们爱护环境、爱护公物的标语吗？如果平时没有留意，今天就好好注意一下吧！最好多走几条街道。如果自己年龄还小，有的字不认得，可以由爸爸或妈妈陪同，让他们为你讲解一下那些标语的含义。

家庭互动

和爸爸妈妈一起出门，留意一下身边破坏公物、破坏环境的行为。比如，有人乱丢垃圾，在墙上乱写乱画，看看他们都是怎么做的，也看看自己能为此做些什么。

站在你自己的位置就好——有序、礼让地使用公共资源

小朋友，你知道什么是公共资源吗？

像学校里的操场、吃饭的餐厅、上学要坐的地铁和公交车、很多小朋友喜欢去的游乐场、出去旅游要乘坐的飞机和火车、看病要去的医院等，这些与我们的生活息息相关、每个人共同拥有，而且有权利去享受的东西，就是公共资源。

不过，在这些地方，我们经常会发现这种现象，就是人特别多，还会有点拥挤，所以，今天我想要告诉你的就是——站在你自己的位置就好。

可能你心里在想了：嗯……站在我自己的位置就好？难道是让我在人多的时候，不要动吗？

哈哈哈，可爱的你，又想错了，不是这样的，不如我们先来看个故事吧。

在法国巴黎的战神广场上，有个非常有名的建筑，叫埃菲尔铁塔。

很多来到这里的人们都会想和它合影留念。

一天，有一个旅行团来到了这里，导游为他们介绍着这个景点的历史。

可是，人们一看到这么漂亮的建筑，就忍不住前去拍照，你帮我拍，我帮他拍。谁都想找到最好的角度，拍下与埃菲尔铁塔的合影。

于是，每个人都在广场上来回地走动，寻找最佳的拍摄点。就在这个时候，有一个人找到了一个不错的位置，可正当他准备让同行的伙伴帮忙拍摄的时候，他发现，自己的身前身后，全都是来来往往寻找拍摄地点的人们，全然没有注意到有人正要拍照。

他心想：不如直接告诉大家，我这个位置拍出来的效果会更好，这样他们只要有序排队，不用走来走去，每个人都可以很快拍到想要的照片了。

令他没有想到的是，当他把这个消息告诉大家的时候，所有人一拥而上，每个人都争先恐后地想要在第一时间站在这个最佳的位置拍摄。

结果呢，旅行团的成员们在返程的大巴上看到手机里的照片，不仅有埃菲尔铁塔，还有很多其他人的身影，拍摄的照片效果很失败，根本没有办法与朋友分享，让他们欣赏。而这趟法国之行，让他们后悔不已。唉，要是大家早能有序礼让的话，就不会是这样的结果了。

这个时候，你知道"站在你自己的位置就好"，是在讲什么了吗？

这个故事里的旅行团成员们，因为没能站在自己的位置上，有秩序、礼让地排队，结果让本该美好的一趟旅行，变得不是那么美好。这也是我想说的，我们要学会有序、礼让地使用公共资源。

如果人人拥挤，互不相让，那我们的城市就会陷入瘫痪。反过来，要是人人遵守秩序，我们的城市就会变得井井有条。因为，我们每个人从来都不是孤立的存在，特别是对公共资源来说，每个人都是这个社会重要的一环，有序和礼让，应该是每个人自觉遵守的行为。不仅如此，站在你自己的位置就好，也是对他人的一种尊重，体现了大家的一种平等。

你可能会觉得：我只要站在自己的位置上，遵守秩序就好了，怎么会是尊重别人，体现平等呢？

再来看一个故事吧。

加西亚和妈妈去理发店理发。因为周末的原因，理发店里的顾客特别多。没办法，加西亚和妈妈只好坐在一旁的椅子上耐心等待。

等得百无聊赖时，门口忽然进来了一位老伯伯。老伯伯看起来十分威严，他一进来，正在理发的理发师们纷纷停下了手上的工作，围拢到他的身旁。

"您怎么来了？来，您快请坐，我先给您理。"一位穿着时髦的理发师让他的顾客先起身，用手势招呼着老伯伯来就座。

谁知，那位老伯伯却摆了摆手，嘴里说着"不用不用"，然后对着坐在椅子上等待的人问道："哪位是刚来的？告诉我一下，我排到您后面。"

有一个人举起了手。

老伯伯看到后，面带微笑地向他走去，然后坐在了他的身旁。

理发师好像很过意不去。他再次来到老伯伯面前，诚恳地说道："您平时工作那么忙，市里的大事小事都得您操劳，这次理发就不用排队了，我们先给您理。"

老伯伯站起身，微笑着对他说："谢谢您的好意。不过这样做是不对的，每个人都应该遵守公共秩序，按照先后次序理发，我也不例外。"

理发师见状，赶紧回到原来的位置上，手上理发的速度不由自主地快了起来。

加西亚看到这一幕，感到十分好奇，他问妈妈："这是怎么回事呢？"

妈妈向他耐心做了解释：原来，这个老伯伯是当地市政府的一位领导，平时工作十分繁忙，时间十分宝贵。因为这层关系，理发师就想先为他理，但老伯伯却坚持按照次序来排队，拒绝了他的好意。

这位老伯伯的故事，是不是让我们看到了遵守秩序的力量？

作为当地的一名领导，老伯伯并没有利用自己的地位去谋取特权，也没有因此而无视他人、漠视秩序，反而尊重规则，尊重每个人。他的这一做法，不仅是对别人的一种尊重，也体现了人与人之间生命的平等。

站在自己的位置上，遵守秩序，有时候还是维护我们个人安全的法宝呢！

是不是有点糊涂？让琪琪告诉你这里面的道理吧。

琪琪和妈妈要搭早上的火车回老家，因为出门早，路上没有什么人，

秩序除了让生活更加井井有条，也维系着我们最基本的尊严。

我们既要遵守秩序，也不能容忍别人来破坏这个秩序。

安静极了。

走着走着，妈妈突然停下了。

琪琪问："妈妈，怎么不走了？"

妈妈说："你没看到红灯吗？我们得等绿灯亮了才能过马路。"

琪琪看了下马路两边，一辆车也没有，疑惑地问："但是路上并没有车啊。"

妈妈看了看琪琪，说："没有车我们就可以闯红灯吗？想象一下，如果一辆车的司机在等红灯的时候看到人行道两边没有行人，就发动车子，这时候突然有人要过马路，那会出现什么情况呢？"

琪琪想了想，恍然大悟："那样会撞到人。"

"对啊，"看到琪琪明白自己的意思了，妈妈很高兴，"司机不能因为人行道两边没有人就闯红灯，我们也一样，不能因为路上没有车就在红灯时穿过马路。而遵守这样的秩序，最后保护的是谁呢？是我们自己的安全。明白了吗？"

小朋友，你明白了吗？不仅在人多的时候要遵守秩序，有序礼让，人少的时候也一样。我们不能因为没人监督就放松对自己的要求，这样的做法不仅是对社会的维护，对秩序的遵守，对我们自己而言，也会受益呢。

所以，你需要怎么做呢？比如说：过马路的时候，要遵守交通规则；等地铁和公交车的时候，要遵守秩序、排队等待；和爸爸妈妈去超市买东西的时候，要排队付款；爸爸妈妈和你开车出门，遇到堵车的时候，要告诉他们，不能插队，要排队等待、礼让通行。

遵守秩序，礼让他人，不仅让我们的城市更加井井有条，也会让我们的身心愉悦。想一下，同样是等公交车，却有这样两种场景：

第一种，人们有序排队，虽然人的数目并不少，却没有一个人说话，一点也不吵闹，只能听到车辆呼啸而过的声音。

第二种，人们一窝蜂地挤在站台上，摩肩接踵，每个人都拼了命地往前挤，有的人还因为被挤而大喊大叫，手也推推搡搡的。

这两种场景，会带给你什么样的内心感受呢?

和有秩序的人一起排队，你的内心会宁静、轻松、放松。和不守秩序的人一起呢? 你的心里会变得十分紧张，因为担心上不去车而压力倍增，没准还会因为和别人发生冲突而生气呢。

如此截然相反的感受，相信你再遇到这种情况时，肯定会做出正确的选择吧。

不过，当遇到有人有急事的时候，如果他说明了情况，那我们可以酌情而定，礼让他人。如果遇到了鲁莽插队的人，你也不要去跟他计较，我们只要站在自己的位置就好。因为只有我们规范了自己的行为，你影响我，我影响他，才能让我们的城市更加井井有条。

Tips

站在自己的位置上，有序礼让地使用公共资源。

遵守秩序，礼让他人，既是尊重别人的表现，也是我们人身安全的有力保障。

有序礼让和人多人少没有关系。

遵守秩序，礼让他人，会带给我们轻松的心理感受，让我们更加从容不迫。

情景式提升

洋洋和妈妈在一家甜品店前面排队买蛋糕，看着蛋糕筐里的蛋糕越来越少，洋洋那个心急啊。忽然，他看到好朋友文文就在前面，精神不由得为之一振。他对妈妈说："妈妈，排在前面的不是文文吗？我们把钱给她，让她帮我们买不就行了！"洋洋一边说着，一边越过队伍，拉着妈妈往前奔。你觉得洋洋的做法对吗？（　　　）

A. 对。不仅能买到自己爱吃的蛋糕，还节省时间，真是一举两得。

B. 不对。

养成与改变

生活中，你会遇到很多需要排队的场景，可能你平时没有注意，今天就好好留意一下吧！或者自己单独一个人，或者在父母的陪同下，一起体验有序礼让带来的便利和愉悦的心情吧！

家庭互动

和爸爸妈妈一起做个小游戏，比如：假装你们在等公交车，假装你们在排队买东西，假装你们……开动小脑筋，多想几个场景，然后分别用"有序礼让"和"不管不顾"两种方式，看看会出现什么样的状况。如果以后再遇到类似的情况，自己应该怎么选择呢？

细菌不是用来"分享"的——讲卫生，才能不被细菌侵袭

　　小朋友，你有没有发现，生活中的人们经常会和别人分享自己喜欢的东西。因为分享，大家的关系更和睦，彼此也都快乐地生活在一起。

　　你可能也暗自下了决心："我也要做一个喜欢分享、无私的人。"嗯，有这样的想法，是很不错的，不过，我现在要告诉你，可不是什么东西都可以拿来分享的。

　　你一定想不明白了："为什么呢？不是说分享是一件值得称赞的事吗？"

　　没错，分享当然是一件值得称赞的事情，但是有一样东西你分享了它，却会带来严重的后果，身边的朋友也会远离你，不再跟你玩耍了。

　　是不是听起来有点可怕呢？那这个可怕的东西到底是什么呢？

　　它就是细菌。

　　哇，细菌！听起来是不是很恐怖呢？

　　你知道吗？细菌是非常古老的生物，大约出现在 37 亿年前，比我们人类的历史长得多得多。细菌因为自己很小很小，小到得用专门的显微镜才能看到，所以它们飘浮在空气里，可以通过气流轻而易举地从一个地方到达另一个地方。

　　其实，我们的人体就是大量细菌的栖息地，在皮肤上、肠道里、口腔中、鼻子里和其他身体部位上都能找到，而且它们还存在于空气中、水中、食物中。

　　你看，细菌真的是无处不在呢。那对我们来说，怎么样才能不被细菌侵袭呢？

　　最重要的一点就是：要讲卫生。

　　比如说：吃饭前要洗手、指甲长长了及时剪掉、衣服要经常换洗等，相信这些事情，爸爸妈妈在你耳边已经说过很多次了。

　　你一定会说：“就算不洗手吃饭，我也没怎么样嘛。”

　　但是，我要告诉你，偶尔一次可能没什么大问题，可是如果你经常不讲卫生，那细菌所带来的后果，会很可怕的。

　　不信，我们一起来看一个故事。

　　在法国，有一位国王叫亨利四世。他在致力于给他的臣民提供衣食无忧的生活上做得十分好。

　　不过，这位国王有一个爱好，就是酷爱打猎，但是在打猎之后，这位国王既不洗澡，也不会喷点香水去遮盖身上的体味。要知道，打猎是一项很耗费体力的活动，会出很多很多汗。我们在出完汗后都会痛快地去洗个澡，可这个国王从来不这样做，所以，他的情妇说他闻起来就像一块腐肉，不愿意跟他生活在一起。而他的第二任妻子在初次见到他的时候，竟然被他满身的恶臭熏得晕倒在地上。

小朋友，你从这个故事中看出不讲卫生的危害了吗？

所以，我们自己首先要做到讲卫生，才能不被细菌侵袭。

而且，养成讲究清洁卫生的好习惯特别重要，这里面不仅体现了你的个人面貌，也是对他人的一种尊重。要想做到干干净净每一天，我们就要早早养成刷牙、洗脸、洗手、洗澡的好习惯。

因为只有养成讲卫生的好习惯了，细菌才没有办法伤害你，这样你是不是就不会把细菌"分享"给别人了呢？

不过，一个人讲不讲卫生，不是只看表面。

有个小朋友，脸上洗得白白的，干干净净，手上、身上却从不注意，脏兮兮的。

有人问他："为什么只洗脸啊？"

他振振有词："因为别人和我说话，只会看到我的脸，所以，我每天只洗脸就行了，手可以藏起来，身上穿着衣服，别人也看不到。"

另一个小朋友问他："那牙齿呢？牙齿不刷会变黄哟。"

"那我就闭上嘴，不说话不就行了？"说完，他真的闭上嘴，不再说话了。

小牙刷，手中拿，左刷刷，右刷刷，上刷刷，下刷刷，
一口小牙白白的。

哈哈，这位小朋友的做法对吗？肯定不对！先不说他不可能做到始终不说话，就算他瞒得了大家一时，但时间长了，不讲卫生的他身上肯定会散发出难闻的气味，到时候谁还愿意和他玩耍呢？

所以，我们首先要做到的就是自己养成良好的卫生习惯。

你肯定会问："为什么是'首先'要做到养成良好的卫生习惯呢？难道还有'其次'？不是只要做到这些就可以了吗？"

当然不是这样的，你知道吗？如果仅仅重视个人卫生，并不在意生活环境卫生的话，你不仅会被细菌感染，而且也会让别人认为你是一个没有担当、不注重小事、不看重细节的孩子。

在古代的时候，有这样一则故事。

十五岁的陈蕃（fān）一直独自居住，自己的屋子里十分杂乱。

有一天，他父亲的朋友薛勤来拜访他，对他说："小伙子，你为什么不打扫房间来迎接客人？"

陈蕃说："大丈夫处理事情，应当以扫除天下的坏事为己任，怎么能在意一间房子呢？"

薛勤当即反问道："一屋不扫，何以扫天下？"

意思就是：你连一间小小的屋子都打扫不干净，怎么能为老百姓做事情呢？

陈蕃无言以对。

从此，陈蕃非常注重个人卫生和环境卫生，将自己的屋子每天打扫得干干净净，后来，终于成为东汉时期的名臣。

你看，如果不讲卫生的话，是不是会像薛勤看待陈蕃那样，让别人觉得你连这点小事情都做不好，怎么会有能力去做更大的事情呢？要知道，任何大事都是由小事积累而成的。

讲卫生，当然也要先从小事、从自身做起，任何一点小细节都不能放过。

因为我们生活的方方面面都可能是细菌的来源地，只要养成了讲卫生的好习惯，它们也就无处藏身，不会被"分享"出去，也就不会破坏我们的身体健康了。

那我们到底应该怎么做呢？

看下面这段歌谣，你就知道了。

勤洗手，勤洗头，勤换袜子勤洗澡，

勤剪发，勤刷牙，勤剪指甲勤打扫，

吐痰要用纸包好，喷嚏要用手挡牢，

上完厕所要冲水，杂物扔进纸篓好，

超市推车不要坐，医院玩耍很不好，

公共场合要注意，空气流通很重要，

如若生病需在家，不能到处去乱跑，

细菌传播没渠道，身体健康少不了。

好了，小朋友，你记住了吗? 如果没记住的话，可以多看几遍，争取将它熟背下来。这样，你就可以对照歌谣中所说的，看看自己哪些已经做到了，哪些还没做到，然后再看看自己还有哪些地方需要再提高。

讲卫生虽然重要，但不能走极端。

暑假，爸爸带着亮亮来到海边，小伙伴们都在沙滩上堆城堡、挖贝壳。爸爸鼓励亮亮一起加入，亮亮却甩开爸爸的手，说:"妈妈说了，沙子里有细菌，摸了会生病的。"

亮亮跟着爸爸去别人家做客，看到别人家的家具黑漆漆的，他连坐都不敢坐，碰都不敢碰。爸爸问他怎么了，他却说:"桌子椅子那么黑，肯定特别脏，我才不要坐呢!"

亮亮的做法真的是讲卫生吗?

我们一开始说了，细菌在地球上已经存活了 37 亿年了，我们的生活周围到处都充满了细菌，但大部分人依旧活得好好的，并没有生病。为什么会这样呢?

这是因为，细菌有好细菌，也有坏细菌，有对身体有益的细菌，也有对身体有害的细菌。而且我们的人体本身也对细菌有免疫力，并不是一接触细菌就一定会生病，只要保证饭前便后勤洗手，不出现病从口入的现象就可以了。

要是过分追求干净，整天不停地洗手洗澡，与一切隔绝，看起来好像是很卫生，但实际上有这种行为的人只会感到紧张和痛苦，因为他的注意力已经完全被细菌占满了，生活的乐趣也完全体会不到了，是不是很得不偿失呢？

而且，家具呈现出黑色，并不就是脏的表现，有的家具本身就是黑色的，像黑檀木、乌木，本来就是黑色的。

所以，我们在生活中不仅要讲卫生，还要不怕脏，不能被小小的细菌吓住。

如果身边有小朋友不懂这个道理的话，你就把今天的故事讲给他听。相信在你的帮助下，他肯定会成为一个和你一样讲卫生、讲文明，而且细心的人的。

Tips

养成讲卫生的好习惯。

讲卫生不能只追求表面。

过分追求干净也不对。

情景式提升

幼儿园评比，果果自认为卫生做得好，希望老师给自己奖励一朵小红花。本来挺好的事情，却引来了其他小朋友的议论。果果的同桌乐乐说："果果不是真的讲卫生，每次她都把垃圾扫到我这里,脏的东西也扔到我的桌子和座位上。"小朋友，你觉得果果的做法对吗？（　　　）

A. 对。能获得小红花，说明讲卫生的行为做得很好，至于用什么办法，无所谓。

B. 不对。

养成与改变

洗手是讲卫生最简单但也是最重要的一个步骤。请爸爸或妈妈在网上搜寻一下，怎么样才是正确的洗手方法。同时，也在今天着重留意一下，自己在什么时候洗了手，又在什么时候忘记了，也可以请爸爸妈妈督促自己。

家庭互动

在你的家里，都是谁帮你洗澡、洗衣、剪指甲，帮你做到干净卫生的呢，是爸爸，还是妈妈？平时，他们都是怎么帮你的？抽出一天时间，让他们休息一下，也让他们指导你应该怎么做，体验一下干净整洁带来的舒适和惬意吧！

"借"的意思是我会归还——不讲信用，就会失信于人

先提两个问题，你来想想自己的答案是什么。

第一个：你向别人借过东西吗？

第二个：借来的东西你及时归还了吗？

你心里肯定已经有答案了，对不对？不过，先别急着告诉我你的答案，我希望你能用心地思考一下自己应该怎么回答。

或者，先带着问题和思考一起来看个故事。

在大洋国的海边，有一座与世隔绝的时光小镇，这里的人们邻里关系和睦，彼此互相帮助，与世无争的他们过着幸福的生活。而且，他们之间有一个约定俗成的规矩，那就是邻里之间互相借取东西，都要按时归还。生活在这里的人们定期还会互相分享自己喜欢的东西，这对他们来说是特别开心的时刻。

就这样，时光小镇的人们一直开心地生活着。

魔界的魔王看到了这一切之后，心里暗生不满，小镇的人怎能如此无私和信任？于是，他决定派出自己的两位得力干将——"魔力"和"魔幻"，假扮成人类，混入时光小镇，打破他们宁静的生活。

这一天，时光小镇的人们像往常一样生活着，突然有人喊道："救命啊，谁来救救我们，我朋友的腿受伤了！"

呼喊救命的不是别人，正是"魔力"，"魔幻"就躺在"魔力"身边，假装受伤了。

小镇的人们听到呼喊后，迅速赶来，将他们带到家中，对受伤的"魔幻"精心照顾治疗，并好吃好喝招待他们。时光小镇的人们决定，先让他们留下来生活，等"魔幻"的伤痊愈之后再让他们离开小镇。

就这样，"魔力"和"魔幻"成功地在小镇上住了下来。此时，他们开始执行魔王的计划，变成时光小镇人们的样子，从每家每户借来东西，大到梯子、饭锅，小到纸张、水杯，然后不再归还。

时光小镇的人们并不知道借东西的邻居就是"魔力"和"魔幻"变身而成的。等到该归还的时间，他们没有等到自己的邻居归还借走的物品，而当自己上门讨要的时候，却被邻里告知并没有借过。就这样，曾经约定俗成的按时归还的规矩被彻底破坏了。时光小镇的人们变得不再开朗热情，开始自私自利，互相之间反目成仇、不再来往，邻里之间再也没有了信任。小镇也没有了往日的欢乐和幸福，开始走向破败。

魔王看到这样的景象哈哈大笑，奖赏了"魔力"和"魔幻"二人。

魔王自己要打破人类之间的信任，让自私在人间传播的目的终于达到了。

可恶的魔王取得了胜利，让美丽的时光小镇没有了无私和信任，变得再也不美丽了。

故事讲完了，你觉得里面的魔王是什么呢？我来告诉你，故事中的魔王不是别人，而是一颗自私的心。

现在你想想开始那两个问题的答案，有没有什么想法呢？

如果你借过小朋友的东西，并且没有归还，是不是就和魔王一样，有了一颗自私的心呢？

因为，你并没有考虑到，借给你东西的小朋友等待你没有及时归还的东西的感受。不考虑别人，只考虑自己，这就是自私的表现。

我们再想一下，故事开头，时光小镇的人们是不是因为互相信任，无私帮助他人，才会将自己的物品借出去呢？

比如说，你从朋友那里借来了一块橡皮，那是因为你的朋友信任你，希望能够帮助到你，才会把橡皮借给你来用。可是如果你没有按时归还或者忘记归还的话，是不是就辜负了朋友对你的信任，伤害了他无私的心呢？

所以，我们要对自己的信用和朋友的无私负责任！

其实，早在古代的一本书《弟子规》中，就有这样一段话："借人物，及时还，后有急，借不难。"而这段话，也就是我们常用的谚语"好借好还，再借不难"的出处。

　　它也告诉了我们一个道理：借人东西，要及时归还。

　　其实，在上面那段古文的背后，还有一个故事。

　　明朝有一位著名的文学家，叫宋濂。小时候，宋濂的家里很穷。不过，他很喜欢读书，但是家里却拿不出钱来给他买书。

　　于是，他只好向有书的人家借书看。宋濂对借来的书非常爱惜，总是小心翼翼地翻书，生怕把别人的书弄坏了。

　　每次借书，他都和别人约定还书的日期，并坚持做到按时还书，从没有出现过到期不还的事情。由于宋濂很讲信用，从不违约，大家都乐意把书借给他。

　　有一次，他借到一本书，越读越爱不释手，便决定把它抄下来。可是还书的期限快到了，怎么办？他只好一刻不停地抄书。当时正值隆冬腊月，滴水成冰，宋濂从白天抄到深夜，感觉手指都快冻僵了。

　　宋濂的妈妈心疼地说："孩子，都半夜了，天气这么寒冷，你赶紧上床睡觉，钻到被子里暖和暖和吧。书可以明天再抄呀，反正人家又没有等这本书看。"

　　宋濂一边头也不抬地继续抄书，一边对妈妈说："不管人家等不等这本书看，到了还书的期限就要还书，这是个信用问题啊！如果说话做事不讲信用，就会失信于人，以后就很难取得别人的信任了。"

　　你看，正是因为宋濂遵守自己的承诺，大家才愿意跟他成为朋友。

遗忘是信用的大敌，他人出于信任借给你的东西，
你应当用心对待，按时归还。

因为有信用，大家信任他，才愿意将自己的书籍借给他。

　　小朋友，你可千万不要小看"借"这件普通的事情，其实，越普通的事情，越需要认真对待。

　　要从朋友那里借东西的话，即使是很亲近的人，也要当面向他讲清理由，有礼貌地提出请求。

　　还记得这本书的开头讲的第一节课吗？对了，要征询人家的意见，你可以说："请问，我能借一下你的××吗？"千万不能用命令的口吻哦。如果人家拒绝了，要理解对方，不能因为对方没借给你，就心生不满。要知道，东西是属于别人的，别人有支配它的权利。

　　当人家借给我们之后要心存感激，因为这是人家在帮助你。说好了什么时候归还，一定要及时归还，并且要注意自己的态度，切忌随便一扔一丢，这都是不礼貌的表现。而且一定要答谢，真诚地向对方说声谢谢。

　　是不是很简单？相信你一定可以做到，并且做得很好。

　　好了，现在我要提出第三个问题了，这也是对能够做到有借有还的你，提出的一个更高的要求。

　　你会珍惜爱护借来的东西吗？

　　你可别小看这个问题，其实，它也很重要。

　　孔子曾经说过："己所不欲，勿施于人。"

　　这句话的意思是说："如果自己都不希望被人如此对待，推己及人，自己也不要那样对待别人。"

　　比如说，当你把自己心爱的玩具借给朋友，可是，他并没有爱惜，弄坏了，然后还给了你。你是什么样的感受呢？是不是心情会很糟糕？

所以，我们借给别人东西时，肯定也希望自己的东西能够被爱护，别人可以有借有还；推己及人，我们也一定要做到有借有还。

如果自己不小心把别人的东西弄坏了，应该怎么办？

对于这种情况，除了道歉，没有别的办法。带上东西，带上歉意，真诚地向对方说一句"对不起"，以求获得对方的原谅，即使东西再小，再微不足道，"对不起"都是不能少的。

如果别人借了你的东西，一直没有归还，应该怎么办呢？

如果对方是真的忘记了，那你可以委婉地提醒他，比如，对方借了你的尺子，你可以在急用的时候，询问对方是不是用完了。在你的提问下，对方肯定会想起之前借东西的事情，也就会很快把东西归还给你了。不要不好意思，毕竟东西是你的。

如果已经提醒了对方，但对方依旧不为所动，这个时候，你可以求助爸爸妈妈或者老师，看看他们会怎么处理这种问题。

东西分很多种，如果有人向你借"钱"这种东西，应该怎么办呢？

钱，你应该不陌生，爸爸妈妈会用它来买你爱吃的食物、你喜欢的玩具，家里的一切，基本都是靠钱购买得来的。那钱是怎么来的呢？是爸爸妈妈通过工作、劳动获得的，里面凝结着他们的辛劳和汗水，得来十分不易，所以，不到万不得已，尽量不要借给别人钱。也尽量不要找别人借钱，有这样一句名言："不要向别人借钱，因为那会使你丢弃节俭的习惯。"所以，虽然钱能买到很多东西，但在借给别人钱与找别人借钱这方面，是需要慎重对待的。

好了，今天带着思考和答案看完故事的你，一定知道以后要怎么做了，那就让我们一起成为一个无私、诚实、守信、有责任心的人吧。

最后，一定要记住："借"的意思是我会归还。

Tips

"借"的意思是我会归还。

借东西和还东西的时候，一定要有礼貌。

借了别人的东西，要懂得爱惜。

别人借了你的东西忘记归还，要学会讨要的技巧。

对于金钱的外借一定要慎重。

情景式提升

琪琪因为犯懒，不想做值日了，她就央求同桌小伟说："这次你帮我值日吧，我今天实在太累了，下次轮到你的时候，我来帮你做，行吗？"小伟答应了，但到了小伟做值日的那天，琪琪却反悔了，嘴里还振振有词："今天本来就应该你值日啊，为什么要我帮你做？"你觉得琪琪的做法对吗？（　　　）

A. 对。

B. 不对。

养成与改变

你有一起玩耍的小伙伴吗？今天，你们彼此之间一起向对方借样东西吧，你可以借他的，他也可以借你的。一件小小的物品就可以，比如一块橡皮、一个气球，然后告诉对方，一会儿就还给他，体会一下有借有还的乐趣。

家庭互动

向爸爸妈妈分享你借东西给别人或你向别人借东西的经历，看看都有什么情况，是不是有人经常向你借东西，或者借了东西没有归还？面对这样的人，家长要学会引导，教育孩子要学会拒绝，以及正确要回东西的办法。同时也反思一下，你自己是不是也有这样的做法？当换到自己身上时，又该怎么做呢？

PART 3

格局的智慧

——缔造修养的「第三元素」

珍惜自己的物品——新旧贵贱，同等看待

拥有，但不占有——分享使人快乐

当你听到批评的时候——免费的意见要珍惜

笑，但不嘲笑——嘲笑让我们失去朋友

每一粒米都来之不易——珍惜粮食，从我做起

尾巴不是用来扯的——每一个生命都是宝贵的

手不是用来打人的——用头脑解决问题才是真正的强者

我们比本领，不比东西——没有什么是值得炫耀的

现在成年人的世界里，越来越多地提到"格局"这个词，有人会说，跟小朋友讲格局太早了，其实不然。"格"是自律，"局"是指外在的局面、情况。格局反映了一个人的心胸气量以及对外在万事万物的接纳程度。

人在世上，除了与人交际，万物都在我们接触的范围之内。所以，无论是成年人，还是孩童，都要缔造宽阔的人生格局。父母的格局要大，孩子的格局更要大。

格局不是简单的走出去，不是片面的见多识广，不是自己单方面的增长知识、阅历，而是要建立与这个世界正确的相处方式。

有句话说得好，心有多大，舞台就有多大。这里的舞台，就是格局。舞台不是只追求无穷无尽的大，而是要尽可能地丰富多彩。舞台不充盈，即使再大，也只是一抹空洞的存在。而放大、丰富了的格局，会助你收获更为自信、坦然的内在，你也会找到和这个世界最佳、最适合自己的相处方式。

珍惜自己的物品——新旧贵贱，同等看待

先提两个小问题。

第一个：你刚穿上的新衣服，是不是没几分钟就被弄得全是泥巴，甚至被戳出破洞呢？

第二个：你的玩具是不是还没玩几天，就被你拆得面目全非了呢？

哈哈，是不是脸红了？别不好意思躲起来了，都被我说中了吧。你可能会问了："我好像是有这样的问题，可身边有不少小朋友也和我一样呀，你提这些有什么用呢？"

别着急，先来看个故事，你就明白了。

宋代的时候，有一位著名的书法家叫米芾（fú）。他小的时候曾经跟村里的一位私塾先生学了三年书法。他浪费了很多张纸，却依然写得不好看，先生一气之下就把他给赶走了。

有一天，有一位秀才从米芾的家乡路过。米芾听说他的字写得很好，

就去请教学习。秀才说："要我教你，得用我的纸才行。我的纸五两银子一张。"米芾听了之后，吓得目瞪口呆。

秀才又说："不买我的纸就算了。"

这个时候，米芾急了，忙说："我找钱去。"

在当时，这五两银子可不是一笔小数目。米芾回到家里，向妈妈苦苦哀求，于是妈妈只好把她唯一的首饰当了五两银子。秀才接过银子之后，把一张纸给了米芾。

米芾一看，这只不过是一张普通的纸，但花了那么多钱，他并不敢轻易下笔，而是反复认真琢磨字帖。他用手指在书桌上画着，想着每个字的间架结构和笔锋，渐渐入了迷。

半天过后，秀才找到米芾问："你怎么不写呢？"

米芾一惊，笔掉在了地上，说："纸太贵，怕浪费了纸。"

秀才笑道："你琢磨了这么半天，写个字先让我看看。"

于是，米芾写了个永远的"永"字。这个字，几乎和字帖上的字一样，真是漂亮极了。

后来，秀才要走的时候，送给米芾一个布包。秀才离开后，米芾打开布包一看：里面装的正是原来那五两银子！

之后，米芾一直把这五两银子放在书桌上，时刻铭记自己要珍惜纸张。天道酬勤，他珍惜每一张白纸，再加上勤学苦练，终于在后来成为历史上赫赫有名的大书法家。

这个故事在讲什么呢？其实，它告诉了我们一个很简单的道理，那就是：要学会珍惜自己的物品，才会有所收获和成长。米芾因为刚开始不懂得珍惜纸张，怎么写字都写不好看，后来，他因为舍不得浪费五两银子买来的纸，懂得了珍惜纸张，用心练习之后，字就变得漂亮、好看了。

可能你会说："那是因为米芾舍不得五两银子，不是因为珍惜纸张，要不是因为纸很贵的话，他才不会去珍惜呢。"

看来你是一个很仔细的人。不过，你好像忽视了一个重要的地方，那位教米芾写字的秀才，最后将这五两银子又还给了米芾，这才让他明白了珍惜自己物品的道理。

珍惜自己的物品很重要，所以，我们画画、写作业用的本子，需要用完一页，再用新的一页；写字的铅笔，需要用完一根，再用新的一根。

好了，现在，你再想想之前的那两个问题，是不是都是自己平时没有注意，经常会做出的一些不珍惜自己物品的行为呢？

你现在应该有点恍然大悟了吧。其实，珍惜自己的物品，不仅是珍惜自己的新东西，以前的或者已经跟了你很久的旧物品，也要去珍惜。

比如说，一个新的玩具，它干净完整，好看又好玩，当你玩久了，缝隙里面堆积了很多脏脏的东西，可能还变得残缺不全了，它变旧了。一般这个时候，我们都不太喜欢它了，想把它扔掉。可是，我们都忘记了，它曾经陪伴你长大，给你带来了很多欢乐的时光。是使用玩具的人把它变旧的，最开始它也是焕然一新的，所以，在使用的时候就要保护好它，不用的时候，要把它放到该放的地方。

凌乱的房间、坏掉的物品……仔细看一下，
都有哪些东西被弄坏了？

比如铅笔，要放到文具盒里；比如玩具，要放到玩具筐里；那衣服呢，就要放到自己的小衣柜里。如果它们慢慢变旧了，我们更应该保存好它们，这里面可有你最珍贵的回忆呢。

所以，珍惜自己的物品，不在于它贵不贵，而是它曾经具有的价值。小到一块橡皮、一支铅笔，大到衣服、玩具，都需要用心去珍惜它。

当然，还有一点，就是它们都是经过几十道工序才变成物品的，是很多叔叔阿姨、哥哥姐姐用自己的辛苦劳动把它们制作出来的，而且这些也是爸爸妈妈用辛勤的工作给你换来的。所以，不珍惜自己的物品，就是不尊重别人的劳动成果，不尊重别人的付出。你想想，如果你自己用心做了一个手工小礼品送给自己的好朋友，最后你的朋友却把它给弄坏了，弄丢了，你是不是会很不开心呀？

不过，珍惜不等于囤积，什么都保留着，舍不得扔掉，慢慢地，家里会没有足够的空间摆放它们。怎么办呢？你也许会发现，很多东西还是可以接着用的，扔了怪可惜的。

告诉你一个好办法，你可以选择和小伙伴进行物品交换，也可以将它们寄给远方的素未谋面的小伙伴。你知道吗？世界上还有很多人的生活连吃饭都是问题呢，玩具更是从来都没有过，把衣物、玩具等寄给他们，既解决了他们的日常困难，丰富了他们的生活，东西又不至于浪费，是不是皆大欢喜？

世界上最可怕的就是挥霍，最可贵的就是珍惜；当你学会了珍惜自己的物品，你一定会像米芾那样，成为一个优秀的人。

　　轩轩听从妈妈的教导，从小就知道爱惜自己的物品，文具摆放得整整齐齐，小书桌收拾得井井有条，玩具也按照分类，放到了玩具箱里。但在使用别人的东西时，他却成了另外一副样子。从同桌那里借来的尺子，一会儿就被他折断了，橡皮上也被他画得乱七八糟的。轩轩忘了带本子，班长好心借给他一个新的，但没多久就被他撕得只剩几页了，上面还画满了很多奇奇怪怪的画。老师问他为什么这样，他还理直气壮地说："又不是我的东西，我干吗要爱惜？"

　　轩轩这样的做法对吗？

　　要知道，不光自己的物品要珍惜，别人的东西也要一样对待。自己的东西百般呵护，别人的东西却摔摔打打，这样的做法是不对的。别人的东西，物权是属于他人的，你并没有支配、决定它的权利。别人出于好心借给你，你应该好好对待，不然的话，以后再遇到困难，谁还愿意帮助你呢？

Tips

学会珍惜自己的物品，是一堂人生的必修课。

不仅要珍惜新东西，那些跟了你很久的旧的物品，满载了陪伴你的美好回忆，也值得你去珍惜。

珍惜不是囤积，要学会处理还可以用但自己已经用不到的东西。

不仅要珍惜自己的东西，借别人的东西更要格外爱惜。

情景式提升

鹏鹏一边吃着蛋糕，一边在屋子里开心地玩耍，只是，一不小心，蛋糕上的奶油蹭在了玩具上，蛋糕屑掉在了书本里。妈妈说今天打扫卫生，让鹏鹏把自己的东西收拾一下。如果你是鹏鹏，你会（　　　）

A. 打扫卫生应该是妈妈做的事情，我才不管呢！

B. 把玩具放在玩具箱里，把书本放在书柜里，这样就好了。

C. 把玩具和书本一股脑儿地塞进家里的柜子里，简单又省力。

D. 把玩具上的奶油擦掉，书本里的蛋糕屑抖搂，收拾干净后，再把它们放到应该的位置。

养成与改变

看看你的小房间，翻翻你的小书包，看看你的玩具箱，还有你的小衣柜，有哪些东西是因为你的不爱惜而变脏或变坏的呢？看着这些曾经陪伴你的小物件，再想想今天学的内容，你知道应该怎么做了吗？悄悄告诉你，可以请爸爸妈妈帮忙哦，他们会很乐意的！

家庭互动

除了收拾自己的东西，你也可以把范围扩大到整个家，和爸爸妈妈一起，看看哪些东西脏了、坏了，哪些东西随便乱放，现在应该怎么处理？角落里也可以找找看，说不定会有小发现呢！也让爸爸妈妈告诉你，什么东西是已经不需要但还可以用的，对于这些物品，和爸爸妈妈好好商量一下，给它们一个最好的归宿吧！

.

拥有，但不占有——分享使人快乐

　　拥有、占有，这两个词只有一字之差，但意思却大不相同，你知道这其中的区别吗？

　　拥有，就是你对一件物品的所有权，也就是之前我们说的"物权"。你拥有了一件物品，就是有了对它的物权，你就能决定如何支配它、使用它。

　　占有呢？占有是支配、使用的方式之一，这种方式就是：它是我一个人的！谁都不可以碰！

　　这种方式听起来是不是有点不大妙？与占有相反，还有一种方式是分享。什么是分享呢？先来看一个小故事。

　　有一家人，收到亲戚送给他们的两筐桃子，一筐是刚刚成熟的，可以储存一段时间；另一筐是已经完全熟透的，如果不赶紧吃掉就会腐烂。父亲把三个儿子叫过来，问他们选择什么样的吃法，才能不浪费一个桃子。

大儿子不假思索地说:"当然是先吃熟透了的,这些是放不过三天的。"

"可等你吃完这些后,另外的那一筐也要开始腐烂了,那我们岂不是始终吃不到新鲜的桃子了?"父亲不满意大儿子的建议。

二儿子想了想说:"应该吃刚好熟了的那一筐,拣好的吃呗!"

"如果这样,已经熟透的那筐桃子不是白白浪费了吗?那多可惜啊!"父亲说。接着,他看向小儿子说:"你有什么好办法吗?"

小儿子思索了一下,说:"我们可以把这些桃子混在一起,然后分给邻居们一些,让他们帮着我们吃,这样就不会浪费一个桃子了。"

父亲满意地点点头,笑着说:"不错,这的确是个很好的办法,那就按你的想法去做吧。"

于是这家人把桃子分给了邻居,他们不仅没有浪费掉一个桃子,还增进了和邻居的关系。

分享是邀请别人共享自己的东西,这不仅能让别人受益,让我们更受欢迎,而且还能滋润我们的心灵。生活中的种种事例表明,"分享"的魔力要远远胜过"占有"。

有个很著名的童话故事,就讨论了这个问题。

故事里说,有一个巨人,他有一座非常美丽的花园。花园里长满了绿茵茵的青草,鲜花多得像天上的星星,园中的果树枝繁叶茂,总能听见婉转的鸟鸣。一群孩子常跑到这个花园来玩,他们很快乐,因为他们的欢笑，花园里总是生机勃勃的。

一天，巨人从远方回来，他发现，他离开家这几年，花园竟成了孩子们的乐园。巨人愤怒地咆哮："这是我的花园！只属于我一个人！除了我，谁都不可以进来！"巨人发起怒来真吓人，孩子们都被吓跑了。

巨人真的一个人独占了花园，孩子们再也不来了。可是，他发现，花园渐渐荒芜了，北风和冰雪封锁了整个花园，花儿再也不开了，鸟儿也不见了。巨人很伤心，不知道怎么办。

有一天，巨人听见久违的鸟鸣，他疑惑地前去察看，发现一个孩子正在一棵树上玩，那棵树竟然开花了，鸟儿在枝头重新唱起歌来。

巨人明白了，占有只能带来严冬和荒芜，分享才能带来美好的春天。他重新开放了花园，欢迎孩子们都来玩。孩子们一来，整个花园又恢复了生机，到处都是繁花似锦，绿树成荫。巨人和孩子们成了好朋友，他每天都很快乐。

这个故事是英国著名作家王尔德写的，叫作《巨人的花园》。花园代表的是我们的心灵。如果我们采用"占有"这种霸道、专横又自私的方式，就会使朋友远离我们，我们的心灵就封闭了，变得冰冷又荒芜。而分享，却能让我们的心灵变得开放、温暖、生机勃勃。

你可能要问了：好奇怪，之前说要尊重别人的物权，不经主人同意不可以拿别人的东西，我已经记住了。这次又跟我说，好东西要与别人分享。那为什么我的东西要和别人分享，别人的东西我却不能拿呢？好像有点不公平呢!

如果你问出这个问题,我要表扬你呢!说明你听得很认真,而且会独立思考!现在我们就来看一看,这个问题该怎么办。

首先,一件东西的物权是你的,你有权决定是独自占有,还是与人分享。只不过,通过今天的课程,你知道了分享有很大的好处,既能让别人快乐,也能让自己快乐,所以呢,分享是我们特别推荐的一个选择。

有的小朋友与别人分享的时候,小气鬼的毛病犯了,有点舍不得。可是仔细想一想,是东西重要,还是朋友重要?肯定是朋友,对不对?我们就算一件玩具都没有,只要和朋友在一起,就会很快乐!相反,如果一个朋友也没有,就算有一屋子玩具,也会孤独寂寞。分享能帮我们赢得朋友,是不是一个最好的选择?

有的小朋友可能会说:"哼,我才不要什么朋友呢,我只要玩具!"一边说着,一边还把玩具搂在了怀里,丝毫不顾旁边小朋友羡慕的目光。好吧,如果你执意如此,我也不会强求,不过,我希望你可以好好考虑一下。比如,如果你是旁边的那个小朋友,遇到了一个和你一样不愿意分享玩具的人,你会希望他怎么做呢?是把玩具分享给你,还是拼命搂住不撒手呢?这样换位思考一下,你心里肯定有答案了吧。

其次,当物权是别人的时,你首先要尊重别人,不能乱拿别人的东西。如果你想分享别人的东西怎么办呢?想一想最开始学到的礼貌用语,该怎么说呢?

"你的小汽车真棒!请问,我们可以一起玩吗?"

细小的气泡汇在一起，化作大大的伞，为小动物们遮风挡雨。

因为分享，它们开心得越变越大。

如果对方说"可以啊",那你们就很开心地一起玩;如果对方说"不可以",那可能他还不知道分享的好处,你可以把今天咱们讲的故事分享给他,好不好?

不过,有的小朋友不愿意分享,其实并不是小气,可能有他自己的原因。

比如,他可能比较内向,容易害羞,他并不是不愿意分享,而是在待人接物上,他还没找到表达自己的方法。

妈妈给明明买了他最爱喝的牛奶,明明边走边喝,心里开心极了。正在这时,他们遇到了同年级的兰兰。兰兰看到明明喝的牛奶,有点眼馋,但又不好意思直说。妈妈鼓励明明:"要不要给兰兰一瓶?"明明支支吾吾的,脸红得像个大苹果一样,但就是一个字也不说。妈妈有点着急了,以为明明小气,刚想批评他,却看到明明背过身,扭过头,从包里拿出一瓶牛奶递给妈妈。妈妈明白了,内向的明明是想让自己把牛奶递给兰兰,并不是不愿意分享。

还有的小朋友比较自卑,觉得自己的东西并不好,生怕别人看到之后会嘲笑自己,说自己的东西不好。为了避免出现这种情况,他可能会独自玩着自己的东西,不愿意做出分享的举动。

如果你是这样的人,或者有这样的想法,我真想给你一个大大的拥抱。有这种想法的孩子,内心丰富敏感,他不愿意分享,并不是自私,而是怕受到伤害。

不过,你有没有想过迈出勇敢的那一步呢?抛开一切,要知道,你拥有的就是最好的，不要刻意比较，自信大方地展示自己拥有的东西，你会收获双倍的快乐。

除了分享玩具、分享美食，我们还可以分享自己听到的好玩的故事、有趣的想法、独特的创意。

好的东西可以分享，不好的也一样。把你的忧愁苦闷分享给别人，你的压力会减轻许多，没准儿还能获得解决的办法呢！

是不是没想到？分享就是拥有如此巨大的魔力。因为分享，我们的快乐加倍；因为分享，我们的痛苦减半；因为分享，我们的人生越来越有价值！

Tips

乐于分享，让人受益无穷。

不愿意分享有时候并不全是因为小气。

有形的东西可以分享，无形的东西也可以分享。

情景式提升

乐乐家的隔壁新来了一家人，只是这家人和乐乐家不太一样，这个家里只有奶奶和一个小婴儿，没有爸爸和妈妈。这天，邻居家传来了婴儿的哭声。乐乐正心烦呢，忽然听到敲门声，原来是邻居家的奶奶来了。只听奶奶可怜地对妈妈说："能不能麻烦您帮我看看孩子，我一个老太太，真的是弄不了。"乐乐一听，一把抱住妈妈，大喊道："不要，不要，妈妈是我的妈妈，不是别人的妈妈，我不让妈妈过去！"你觉得乐乐的这种做法对吗？（　　　）

A. 对。
B. 不对。

养成与改变

生活中，你有自己最喜欢的玩具、最爱吃的食物吗？把它拿出来，分享给大家，在这一过程中，注意一下自己的心理变化，也看一下大家的反应，看看自己会收获什么。

家庭互动

你知道孔融让梨的故事吗？如果知道，能讲给你的爸爸妈妈听吗？如果不知道，就请爸爸妈妈讲给你听吧。听完故事，好好想一想，孔融的做法有什么值得我们学习的地方？他的故事和我们今天讲的主题有什么相似之处吗？

仔细回想一下，你有做过和孔融让梨类似的举动吗？如果有，把当时的情况试着讲给爸爸妈妈，看看自己会不会受到他们的夸赞？如果没有，甚至做了完全相反的行为，也不要怕，讲给爸爸妈妈，让他们评判一下，看看他们会对你说些什么。

当你听到批评的时候——免费的意见要珍惜

童年的时光总是十分美好，处在这个年龄的你们无忧无虑，大多数时间都很快乐。不是有一首这样的歌吗？"小小少年，很少烦恼，眼望四周阳光照。"（你是不是也会唱呢？）

可是，也不是所有时间都没烦恼，有的时候就会不开心。你经常遇到的不开心是什么呢？

是不是——被批评！

被批评的时候，先是感到被打击了，自尊心受了伤，然后感到自卑、胆怯，或是愤怒、委屈，总之就是很不好受。偏偏我们做小孩子的，被批评是常事，有时一天能遇到好几次。

比如："告诉过你多少次！换下来的衣服不要乱丢！"

比如："你刚才对小朋友怎么那样讲话！什么时候才能懂礼貌！"

比如："上课不好好听讲，你二年级还能毕业吗？"

是不是被我说中了？我也曾经是个小孩子，这些坑我也踩过的。后来长大了，我慢慢懂得了一些道理，知道了被批评的时候应该用怎样的心态去面对。现在，我就把这些心得告诉你。

你知道吗？我们中华民族是一个非常有自省精神的民族。什么叫自省精神？就是经常反省自己，检查自己有什么做错的事情。当我们学会自省的时候，我们就迈出了提升自己的第一步。

可是有些时候，我们看不清自己身上的错误，因为"不识庐山真面目，只缘身在此山中"，这时候就需要别人帮我们指出来。别人对我们提出批评，指出我们的错误和不足，我们听了，开始反省自己，然后改正错误、弥补不足。这样我们就进步了，会成为一个更好的人。孟子说"人恒过，然后能改"，意思就是，人永远是在认识错误和改正错误的过程中得到进步的。

古人早就懂得了这个道理，所以他们喜欢听到别人的批评。有两个成语说得很好，一个叫"闻过则喜"，一个叫"从善如流"。

闻过则喜是孔子的大弟子子路的故事。子路每次听到别人指出他的过失，都会很开心。注意，他不是"闻夸则喜"，也不是"闻赞则喜"，而是"闻过则喜"。因为子路觉得，每次别人批评他，都是他进步的机会。

从善如流，"善"是善良的善，就是"好"的意思。这个成语是说，采纳正确的意见，就像流水那样畅快而自然。注意，可不是像钉钉子那样费劲，而是像流水一样，很流畅地接受别人的好意见。

从古至今，凡是能做到"闻过则喜""从善如流"的人都能增长本领，成为有成就的人。而相反，听到批评就生气，在心里拼命抵抗，甚至大发脾气不让别人说话，这样的人最终都会失败，有的一事无成，有的甚至葬送了自己。

　　三国的时候，有个军人叫吕蒙，这个人年轻的时候没什么文化，不喜欢读书，但作战很勇猛，立了功，升官做了将军。这时候，吕蒙的领导、吴国的统治者孙权就对他说："你如今身居要职，不能再像以前那样只做一个莽夫，你得好好学习！"

　　吕蒙听见孙权这样批评他，他的第一反应是，学习这件事对我来说太难了，我得找个由头把老板推回去。于是他说："哎呀，我现在军务繁忙，哪里有时间学习啊！"

　　这下孙权可生气了，他训斥吕蒙："你再忙，难道比我还忙吗？我尚且常常读书，感到从书中得到很大的益处，你有什么理由不读书呢！"

　　吕蒙一下子被孙权骂醒了，开始勤奋读书，读书之多甚至超过了很多学者。过了几年，吕蒙有一次跟鲁肃会谈。这个鲁肃是天下闻名的吴国儒将，无论是兵法还是学问，都很厉害。刚见面的时候，鲁肃对吕蒙的印象还停留在从前那个没文化的武夫上，就有些轻视他。但是一番谈话下来，鲁肃发现，吕蒙对天下局势的看法非常高明，甚至在自己之上。

　　鲁肃大吃一惊，亲切地拍着吕蒙的背，赞叹道："真没想到你的才能谋略竟达到了如此程度！你已经不再是当年那个吴下阿蒙了！"吕蒙说："士别三日，当刮目相看啊！"

真正有修养的人，能面对表扬不心浮气躁，面对批评心平气和。

因为他们知道，不能耐心地听取批评，永远无法实现成长。

"吴下阿蒙""士别三日，当刮目相看"，这都是历史上很著名的典故。这个虚心接受批评、努力改进的吕蒙，也终于成为三国时期的一代名将。

古代的时候还有一件很有趣的事，就是拥有天下的君主们觉得自己责任这么大，万一犯了错，损失就太大了，于是就花钱雇了一群人，专门批评自己,这群人就叫作"谏官"，意思是规劝别人改正错误。历朝历代，都设置谏官，就是花钱买批评。

以后有人批评你，你心里要偷着乐：这可是免费的意见哦。

上面咱们说的，全是关于正确的批评。那么，要是别人说错了呢？比如，别人的批评是对我的误解，甚至是冤枉我的，这个时候我们怎么办呢？有的小朋友可能会委屈地哭起来，哭得上气不接下气，话也说不清楚了。

其实这个时候，我们可以心平气和地解释一下。如果对方态度不好，也不必生气，我教给你一句话："人不知而不愠，不亦君子乎？"

愠，是生气、恼怒的意思。这句话可不是我说的，它是《论语》里记载的孔子的话。孔子是说：别人不理解我，误解我，我也不恼怒，这不是君子的行为吗？

我非常喜欢这句话，这真是一种非常高级的修养。你年龄还小，暂时做不到也没有关系，我们先把它背下来，在人生中慢慢修炼："人不知而不愠，不亦君子乎？"

下次被误解、被批评的时候,心里默念这句话,超级管用,孔子都说了,我这样是君子呢！

嗯，现在我们整理一下，听到批评的时候该如何对待呢？你可以找一张纸和一支笔，画个流程图出来，拿给爸爸妈妈看。

第一步，要回应。有的小朋友听见批评，就装作没听见，不搭理别人，这会让对方以为：这孩子真没上进心，我干吗费力气给他提意见！正确的做法是赶紧回应："谢谢您的意见，我会改正。"还记得咱们前面课里讲的，别人跟你说话，要接住，不要让人家的话在空中飘啊飘，总落不了地。

回应之后，第二步，在心里好好反省一下，我是不是真的有这个缺点。如果有，我们进入第三步，"闻过则喜"，告诉自己，不要郁闷，应该高兴才是！你进步的机会来了！

然后是第四步，"从善如流"，愉快地听从好的意见，改正缺点，取得进步。

如果判断出这个批评并不正确，是对我的误解，那么直接跳到第五步，默念咱们那句话，你还记得吗？"人不知而不愠，不亦君子乎？"

好了！大功告成！如何面对批评，你学会了吗？

Tips

学会接受他人的批评，有利于我们改正缺点，取得进步。

学会使用应对批评五步曲。

情景式提升

小惠获得了学校演讲比赛二等奖，她和小伙伴分享着这个好消息。大家都替她高兴，一旁的小白说："下次演讲，如果你能再加上点手势，效果肯定会更好。"假如你是小惠，听到小白的意见，你会怎么做？（　　　）

A. 自己没本事，就会说风凉话，有本事你也拿个二等奖回来啊！

B. 小白说得很有道理，我以后一定注意这个问题。

C. 嘴上答应，但内心却不屑一顾。

D. 记在心里，下次一定要报仇。

家庭互动

一起来场家庭批评大会吧！无论是作为孩子的你，还是身为家长的爸爸妈妈，都摆正姿态，真诚面对。你们可以向对方提出自己中肯的意见，而作为被批评的一方，也针对别人提出的每则意见，在心里好好反省一下，看看这些意见哪些应该接受，以后可以做出哪些改进。千万不要把这场"大会"当成发泄自己情绪的场合哟！

笑，但不嘲笑——嘲笑让我们失去朋友

　　从来到这个世界的时候开始，我们就会哭泣，而笑是我们后天慢慢学会的。

　　我们在心情愉悦的时候学会了微笑，在得意自喜的时候学会了大笑，在遇到趣事的时候学会了哈哈笑……笑有很多种，但最有魔力的，要数微笑了。

　　微笑是世间最美好的语言，是上天赐给我们既朴实又珍贵的礼物。朴实是因为它不需要花费一分一毛，珍贵是因为它虽然简单，只是微微嘴角上扬，却可以带给人好运，更能体现一个人良好的修养。它不分阶层、不分年龄、不分男女，虽然没有言辞，却一样可以传情达意。

　　给失意的人一个微笑，他会受到鼓励；向受伤的人微笑，可以帮他抚平伤痛；对犯错的人微笑，可以帮他减轻心中的愧疚；向对你微笑的人微笑，你会收到加倍的快乐……微笑就是这样，包含着多种意义，有许多美好的内涵。

有个外国记者采访一位我国的武打明星。记者问："你认为中国最厉害的武功是什么？"他回答说："是微笑，顶级的武功、最厉害的武器都是微笑。"

微笑的力量是不是真的很大呢？

一个男子因为事业失败，想要离开这个世界。他心灰意冷地来到漫无边际的大海边，站了很久，忽然，身后传来一个声音："要不要一起喝杯茶？"男子转身，看到的是一个温柔的笑容。男子的伤痛瞬间被这个微笑感化了，他返回岸边，重新思索自己的人生，决定振作起来。

微笑不分对象，无论是对强者还是弱者，对老师，对同学，对好友，对敌人，微笑都发自真心，每一副笑容都是一样的。不能因为你所面对的人高高在上，就假笑谄媚；也不能因为你面对的人穷迫不堪，就收起笑容，横眉冷对。

微笑没有目的，不能因为有求于人，就戴上面具，嬉笑不已；也不能因为和他人没有利益关系，就吝啬笑容，板起面孔。

微笑是对他人的尊重,同时也是对生活的尊重。微笑是有"回报"的，不仅能缓和关系、愉悦他人，对我们自己也很有助益。科学家研究发现，人在微笑的时候，心里的压力会缓解 23%，健康水平提升 39%，这么一举两得的事情，为什么要吝惜呢?

笑有很多种，但有一种笑我们万万不能去学习，那就是"嘲笑"。

或许你会问，为什么那么多笑，唯独嘲笑不能学习呢？

看完下面的故事，你就明白了。

当你微笑时，世界会和你一起微笑。

一群乌鸦经常在养猪场的周围盘旋，它们对着养猪场里的黑猪取笑说："猪呀！猪呀！好黑的猪啊！好难看的猪啊！"

猪群因为跑不快，也不能飞，被乌鸦那么取笑，也只有忍耐。不过旁边的一只黄狗为猪打抱不平，就对猪说："下次等乌鸦再飞来取笑你们，你就反问它们说：为什么不看看你们自己呢？我再黑能黑过纯黑色的乌鸦吗？"

看到这儿，聪明的你肯定已经明白我要和你说什么了。

有这样一种说法：女娲娘娘在创造人类的时候，给人们的脖子上挂了两只口袋，一只装别人的缺点，一只装自己的。女娲娘娘把那只装别人缺点的口袋挂在了人的胸前，另一只装自己缺点的口袋则挂在背后。因此人们总是能够很快地看见别人的缺点，而自己的缺点却总看不见。

当你笑话别人说话不流利时，想一想自己讲话就很流畅吗？嫌弃别人啰唆不干脆，自己就很简明扼要吗？看不起别人没有能力，自己就很能干吗？眼中看到的全是这个人的缺点、那个人的不是，可是想一想，自己就没有缺点吗？

嘲笑别人，有时候也是在嘲笑自己，而且不嘲笑也是对别人最基本的尊重之一。

相传在很久很久以前，在海与天的尽头，有一个无比巨大、发达的王国。在这个王国里住着一位美丽的公主，她每天享用着最精致的餐食，穿着最美丽的礼服，乘坐最奢华的马车。

小公主的心里一直都是这么想的："除了我的父亲，我就是这个王国最尊贵的人。"嘲笑别人是小公主每天最喜欢干的事情。

有一天，小公主在出街巡游的时候，在大街上偶然看见了一个驼背、跛脚、歪脖的老婆婆。小公主觉得很新奇，她从没见过这么丑陋的人，于是让车夫停车，三步并作两步跑到老婆婆面前，嘲笑她说："哈哈哈，天哪，你怎么长得这么奇怪？哈哈哈，你这么丑陋不堪的人怎么配生活在我的王国里呢？"

小公主根本不知道她冒犯的是谁，其实这个老婆婆是一个巫师，她看到小公主这么没有礼貌，不懂得尊重别人，就在小公主身上施加了一个让人变得丑陋的魔法。

第二天早上，小公主起床了，她每天醒来做的第一件事就是去照镜子，并且在自己的美貌中陶醉一会儿。

天哪！小公主叫了出来。镜子中的她，背比王国里最拱的桥还驼，脖子几乎歪到了肩膀上。小公主哭着喊着，让自己的父王找到全国最好的医生来医治她，可小公主中的是魔法呀，医生们无能为力，小公主也只得以这么可怕的模样生活下去。

日子就这么一天一天地过着，宫女们依然服侍着小公主的穿衣打扮，厨师们依旧为小公主准备着精致的餐食，但是大家对小公主的态度完全和以前不一样了。他们一改以往的谦卑，甚至在私底下还会谈论小公主歪到肩膀上的脖子，嘲笑声时不时会传入小公主的耳中。

现在，小公主也尝到了被别人嘲笑的滋味，那传来的每一声嘲笑就像一把尖刀插进她心里。这种疼痛的感觉比长成丑八怪还要难受一百倍，于是小公主躲进了自己的房间，再也不出门了。

小公主坐在床上十分后悔，那些曾经被她取笑过的脸，清晰地浮现在她的心里。她默默地在心底对这些人一遍遍地说着："对不起，我不该取笑你。"当然，这些人中也包括那位驼背、跛脚、歪脖的老婆婆。小公主一边说，一边流着眼泪。

这个时候，奇迹出现了，一滴落在地上的眼泪突然发出耀眼的光芒，从光芒中走出来的正是这位拥有魔法的老婆婆。老婆婆微笑着走向小公主，手轻轻一挥，小公主刹那间变回了原来的模样。

你看，小公主仗着自己的身份和权势就嘲笑别人，在受到别人的嘲笑后，她终于懂了，原来嘲笑是伤害力巨大的武器。

在你的日常生活中，是不是也经常能看到一些身患残疾或是患有先天疾病的人呢？他们本身就够不幸了，如果我们还嘲笑他们，这就仿佛是在人家的伤口上又撒了一把盐。你要知道，无论是残疾还是健全的人，在人格上都是平等的，我们要给予所有人同样的尊重和耐心。

古人在很早的时候就告诫我们了。我国传统经典《弟子规》里有句话："人有短，切莫揭；人有私，切莫说。"短，是短处、缺点；私，是隐私、秘密。人与人相处，会互相看到彼此的缺点，我们不能像传声筒一样，到处去讲别人的短处。每个人都有自尊，将心比心，你愿意自己的自尊、面子受到侮辱吗？肯定不愿意吧，所以，我们也不能这样对待别人。

不过，如果在生活中遭到别人的嘲笑，我们应该怎么办呢？

比如，你在课堂上回答错了问题，下课后，同学嘲笑你的笨拙。怎么办？

首先，要保持冷静，千万不能冲动。别人在嘲笑我们的时候，我们很容易被气愤冲昏头脑，做出十分不合适的举动来。比如用语言反击，或想使用武力解决问题，但事后你会发现，问题不仅没解决，而且变得越来越糟糕。

最好的办法是什么？那就是冷处理——不要搭理对方，一笑而过，这也是最好的回击了。对方说出嘲笑的话语，目的就是讥讽你，而你的不理会，会让对方觉得自讨没趣。看你没有反应，反而跟没事儿人一样，也就不会再说下去了，而你也会因为这个小小的举动，获得老师和同学的赞赏。

如果做了上面这些，心里还是不好受，怎么办呢？你可以给予小小的反击。你可以微笑着说："你说的问题我的确存在，我一定会改进自己，但嘲笑是最不好的行为，你的样子并没有比我刚才厉害多少。"

试试看吧，如果成功化解了这个难题，你会收获强大的内心。

生活中最有感染力的笑容是什么，还记得吗？是微笑。

别看微笑和嘲笑只有一字之差，却是完全不一样的东西。微笑就像有吸引力一样，可以提升我们的个人魅力，让别人更愿意靠近你，和你做朋友。但嘲笑就是一种排斥力，它不仅不能增加你的魅力，反而会让周围的小朋友都厌恶你。

笑是一种修养，而嘲笑不是！

所以，今天，你微笑了吗？

Tips

微笑是世间最美好的语言，虽然只是小小的嘴角上扬，却蕴含着巨大的力量。

微笑不分对象，不论贵贱，你的每一副笑容都要发自真心。

笑是一种修养，而嘲笑不是。嘲笑别人，等于嘲笑自己，而不嘲笑也是对别人基本的尊重之一。

面对别人的嘲笑，学会机智应对，你会收获强大的内心。

情景式提升

班上新来了个同学，年龄比谁都大，个子却最矮，大家都取笑他，你应该（　　）

A. 帮他回击，把取笑他的人都取笑一遍。

B. 事不关己，赶紧躲得远远的。

C. 制止同学们的行为，告诉他们嘲笑别人是不对的。

D. 加入大家的队伍，千万不能落后。

养成与改变

你会微笑吗？对着镜子看一下微笑的自己和板着面孔的自己，哪一个看起来更亲切呢？相信看完之后，你一定会有正确的选择。

家庭互动

你今天见到了几张笑脸？都是在什么地方，什么场合？你又对几个人展示了你的笑脸呢？如果都没有，现在，把笑脸真诚地向爸爸或妈妈展示一下，看看他们的反应如何，自己的心里又是什么感受呢。

好好回忆一下，你有过嘲笑别人的举动吗？当时的情景如何？向爸爸或妈妈清晰地表达出来，最好讲清楚事情的始末，一定要真实，然后反思一下，自己的行为对不对，下次再遇到类似的情况，应该怎么做。

或者，你遭受过别人的嘲笑吗？当时你的内心感受怎么样呢？对于别人的嘲笑，你是怎么处理的？讲给爸爸妈妈听，或许他们有更好的办法呢！

每一粒米都来之不易——珍惜粮食，从我做起

有一个人到餐馆去吃饭，坐下后，他招呼服务员开始点菜，"给我来份这个""再要个这个""还有这个"……

一、二、三、四、五……

当他点到第六道菜的时候，女服务员温和有礼地问他：

"请问先生，您是一个人用餐吗？如果是，您点的可能有点多了。"

这个人不以为然，有点生气地说："怎么了？你难道以为我吃不起吗？告诉你，把你们餐厅里所有的菜都端上来，我买单！"

听了这句话，女服务员愣了一下。

之后，她微笑着说："不，先生，您误会了，我不是这个意思。您当然可以点所有的菜，您买得起，但是您消耗的是我们所有人的食物资源。"

听了这句话，那位先生的脸一下子红得像煮熟的大虾一样。周围的人也都在看着他。

　　他不好意思地笑了笑，说："对不起，那请你为我推荐一下，这些菜里面最好吃的几道菜吧。"

　　如果你是这位先生，会不会觉得很羞愧，恨不得找个地缝钻进去？或者你会不会想赶紧站起来，离开这家餐馆呢？不过，我觉得，这位先生也有值得肯定的地方，因为他知错就改，这也是很了不起的呢。

　　每一粒米都来之不易，我们在点菜时，一定要适量，避免剩餐，减少浪费。不仅是一个人，在全家一起出去就餐或者集体聚会时，我们也要有多少吃多少，适量点餐，杜绝浪费。

　　有的人可能会说："外出聚餐，图的就是开心，只有吃到多多的美食，聚会才有意义啊，饭都不让敞开了吃，多没劲啊。"吃饭固然要开心，但不加节制地大吃特吃、大点乱点，浪费的不只是钱财，更是粮食。

　　你知道吗？虽然人们的生活水平越来越高，但世界上还有很多人吃不饱呢！人们调查发现，全球七十多亿人口里面，还有约八亿人依旧吃不上饱饭，要知道，全中国的总人口才十三亿多。是不是很惊讶？所以，我们一定要爱惜粮食，每人每天节约一粒米、一碗饭，很多吃不上饱饭的人也许就可以吃上一口香喷喷的米饭啦。

　　不仅外出就餐要珍惜粮食，在家里吃饭、学校食堂就餐等时也要注意，不知道你做到这一点了吗？

　　我曾经去过一所小学，中午，我到小学的食堂去吃饭，看到食堂的桌子上、地上留下了很多米粒或饭团；有些小朋友甚至因为菜不合胃口，只吃了几口，就把剩下的饭菜倒在学校的塑料桶里了。

看到这些，我真的觉得很可惜。挑食、偏食从来就不是什么好习惯，它不仅会导致身体营养不良，还会带来生活上的浪费。

讲到这里，我想问你一个问题：你会吃饺子只吃馅吗？好多小朋友都有这个习惯，对不对？比起饺子皮来，饺子馅要美味多了。

从前，有一个财主的儿子也是这样。他很喜欢吃饺子，但他不知道耕种的艰难，会把饺子皮全吐掉，只吃肉馅。

后来，财主家发生火灾，一夜之间财产全部都失去了，财主儿子也因此沦落为乞丐。

有一天，他来到以前经常去吃饺子的那家饭馆要饭，老板用一碗面皮汤招待了他。他狼吞虎咽地吃着，觉得那是世界上最美味的食物。

他问老板说："这是什么呀？这么好吃！"

老板说："这些都是当初你不要的饺子皮，我把它们捡起来晒干留着而已。"

财主的儿子觉得很惭愧，后悔当初不应该浪费粮食。后来他勤奋劳动，生活节俭，终于又富裕了起来。

财主的儿子由当初的任性浪费到后来的勤俭节约，是不是给了你很大的震撼？

中国历史上有一个很有名的皇帝，叫朱元璋，他是明朝的开国皇帝。

朱元璋小时候家里很穷，知道食物的可贵，所以，他在当了皇帝以后，规定自己的餐桌上每天只能是三菜一汤，再加一碗白米饭。有一次，在他的生日宴会上，他的岳母自作主张多加了几道菜，他知道以后，就劝阻岳母，以后不能铺张浪费，一家人简简单单吃一顿就好。在吃饭的时候，有小孩子撒了几粒米，他自己以身作则夹了起来，并且吃掉。

你可能听过一句话："一粥一饭当思来之不易。"那你知道食物是怎么来的吗？

一粒米是从一株小小的禾苗开始的，到后来成熟、结果、收割，这就需要几个月的时间。

收割之后，人们用机器把米粒剥出来，然后再运送到城市里，有人把它们仔细地洗干净，放到锅子里，煮熟了，盛到碗里，然后放到你面前。

吃到你嘴里的米饭，就是这样来的。

你看，这一碗米饭要经历这样一个漫长的旅程，才会和你见面。这里面有农民伯伯的汗水，有加工厂工人叔叔的劳动，还有妈妈辛辛苦苦做给你吃，多不容易呀！这个过程中，任何一个环节的缺少，比如，没有充足的雨水来滋润禾苗，加工厂的机器没有把米粒完整地剥出来，甚至做饭的电饭煲有问题，都会影响最后这碗米饭。所以，你要懂得尊重这个过程中所有人的努力。

我国有一句古诗，叫"谁知盘中餐，粒粒皆辛苦"。珍惜每一粒米，就是对这些人，也是对大自然的感谢。

对食物感恩，你就会成为一个心中有爱的小朋友。

食物是生命的法宝，是生活的希望。珍惜粮食，即使生活富足也要保持节俭的心。

我还想说，当我们拥有食物的时候，一定要懂得珍惜它们，不要白白浪费。

珍惜粮食，不分大人小孩，不分高低贵贱。有人可能会想："我家有的是钱，才不在乎这点东西呢！"有这种想法的人需要好好反省，还记得刚才讲的财主儿子的故事吗？他最开始也是家财万贯，但后来呢？

所以，珍惜食物不是富人的专利，也不是穷人的专属，它是全人类的一种美德，是我们高贵品质的象征。每一粒米都来之不易，我们要从现在做起，从自己做起，不要等到失去了才知道珍惜。

除了自己做到之外，我们还可以做珍惜粮食的小小宣传员，向家人、同学、朋友介绍浪费粮食的可怕后果；看到有人浪费粮食，要勇于制止。在外面吃饭，如果有剩饭剩菜，可以打包带回家，这可不是什么丢脸的事情。想到又为国家、为无饭可吃的人省下了粮食，你的心中肯定满满的都是自豪感。

好啦，故事都讲完了，今天讲的你记住了吗？每一粒米都来之不易，当你用心珍惜食物的时候，你就会体会到吃饭的美好了。

Tips

每一粒米都来之不易，所以，一定要珍惜粮食，适量点餐，减少浪费。

看到别人浪费粮食，一定要敢于制止。

向周围的人宣传节约粮食的好处和浪费粮食的坏处。

情景式提升

星期天,晴晴睡完懒觉起来,看到妈妈已经把早餐准备好了。晴晴吃了几口就没了胃口,但一想到不能浪费粮食,晴晴不知道怎么办了。如果你是晴晴,你会怎么做呢? (   )

A. 偷偷扔到楼下的垃圾桶里,这样就没人发现自己浪费粮食啦!

B. 用筷子把剩下的菜戳得乱七八糟,这样就有借口扔掉啦!

C. 把食物倒在花盆里,然后在上面盖点土,既不会浪费粮食,还能滋养花朵呢!

D. 把剩下的早饭收拾好,放进冰箱。

养成与改变

今天，无论是家里的早餐、晚餐，还是学校的午餐，无论是自己爱吃的菜，还是不爱吃的，希望你都能做到吃得一粒不剩，必要的时候可以请人监督哟。

家庭互动

你尝试过种菜吗？和爸爸妈妈商量一下，在家里的一角弄个小菜园，种点蒜苗、韭菜、青椒等，由你做主力，体验一下培土、松土、浇水等种植的艰辛，观察植物的生长过程，看看它们需要多久才能成熟。有了这一番经历，相信你再也不会浪费粮食啦！

也可以和爸爸或妈妈一起去外面的餐馆、饭店等，观察一下每张餐桌都会剩下多少菜。

尾巴不是用来扯的——每一个生命都是宝贵的

今天我们来说一个可爱的话题，这个话题和小动物有关。

一提到小动物，你肯定有很多话想说吧。在家里，在学校，爸爸妈妈和老师都告诉我们，地球不仅是我们人类的家园，也是各种动物生存的主要场所。只是，很多年来，人类因为乱捕滥杀，破坏环境，很多动物都灭绝了，从这个星球上彻底消失了，所以，我们要从现在做起，保护好野生动物。

事实也的确如此，科学家经过统计发现，地球上从有生命开始，一共出现过 25 亿种动植物，是不是特别多？不过，我接下来要说的话就很令人遗憾了。这 25 亿种动植物，有将近一半是在最近三百年消失的。是不是很可怕？所以，我们一定要遵循爸爸妈妈和老师的教导，保护珍稀动物，爱护环境，共同维护我们美好的家园。

珍稀动物我们要保护，那身边的小猫小狗呢？我们就不爱护了吗？

先来看一个小故事，看看会不会感动你。

有一个盲人带着他的导盲犬，一起到了天堂门前。

一个天使拦住他们，为难地说："对不起，现在天堂只剩下一个名额，你们两个必须有一个去地狱。"

主人一听，连忙问："我的狗又不知道什么是天堂，什么是地狱，能不能让我来决定谁去天堂呢？"

天使鄙视地看了这个主人一眼，皱起了眉头，他想了想，说："很抱歉，先生，每一个灵魂都是平等的，你们要通过比赛决定由谁上天堂。"

主人失望地问："哦，是什么比赛呢？"

天使说："这个比赛很简单，就是赛跑，从这里跑到天堂的大门，谁先到达目的地，谁就可以进天堂。不过，你也别担心，因为你已经死了，所以不再是盲人，而且灵魂的速度跟肉体无关，越单纯善良的人速度越快。"

主人想了想，同意了。

天使让主人和狗准备好，就宣布赛跑开始。他满心以为主人为了进天堂，会拼命往前奔，谁知道主人一点也不忙，慢吞吞地往前走着。

更令天使吃惊的是，那条导盲犬也没有奔跑，它配合着主人的步调在旁边慢慢跟着，一步都不肯离开主人。天使恍然大悟：原来，多年来这条导盲犬已经养成了习惯，永远跟着主人行动，在主人的前方守护着他。可恶的主人正是利用了这一点，才胸有成竹，他只要在天堂门口叫他的狗停下，就能轻轻松松赢得比赛。

天使看着这条忠心耿耿的狗，心里很难过，他大声对狗说："你已经为主人献出了一生，现在，你这个主人不再是盲人，你也不用领着他走路了，你快跑进天堂吧！"

可是，无论是主人还是他的狗，都像是没有听到天使的话一样，仍然慢吞吞地往前走，好像在街上散步似的。果然，离终点还有几步的时候，主人发出一声口令，狗听话地坐下了，天使用鄙视的眼神看着主人。

这时，主人笑了，他扭过头对天使说："我终于把我的狗送到天堂了，我最担心的就是它根本不想上天堂，只想跟我在一起……所以我才想帮它决定，请你照顾好它。"天使愣住了。

主人留恋地看着自己的狗，又说："能够用比赛的方式决定真是太好了，只要我再让它往前走几步，它就可以进天堂了。不过它陪伴了我那么多年，这是我第一次可以用自己的眼睛看着它，所以我忍不住想要慢慢地走，多看它一会儿。如果可以的话，我真希望永远看着它走下去。不过天堂到了，那才是它该去的地方，请你照顾好它。"

说完这些话，主人向狗发出了前进的命令。就在狗到达终点的一刹那，主人像一片羽毛似的落向了地狱的方向。他的狗见了，急忙掉转头，追着主人狂奔。满心懊悔的天使张开翅膀追过去，想要抓住导盲犬，不过那是世界上最纯洁善良的灵魂，速度远比天堂所有的天使都快。

你家里有小猫小狗等小动物吗？它们是不是就像我们的好朋友一样，陪我们玩耍，和我们一起长大，带给我们很多快乐的时光呀？所以，我们应该好好爱护它们，不是吗？如果你家里没有小猫或小狗，或者说你

流浪狗熟睡在城市脏兮兮的一角，身边的雪人细数着它的梦。

温柔待它，让爱别再流浪。

不喜欢这些小动物，那也没关系，每个人都有选择的权利，但是，不喜欢归不喜欢，我希望你不要伤害它们。

漫步校园，在小区散步，可能会从某个角落里溜出来一只小猫或小狗。如果看到这些无家可归的流浪猫狗，我希望你能善待它们。比如给它们一点食物，倒点水给它们喝，或者给它们搭一个小窝，而不是向它们丢瓦片、扔石头，甚至虐待它们。不过，在帮助它们的时候一定要注意安全，最好是有大人陪伴，因为流浪动物的警惕性都特别强，所以千万不要随便去抓，不然可能会伤害到你。

在世界上，每一个生命都是宝贵的，并没有尊卑之分，虽然我们有时候不能给它们一个家，但是也不能随意欺负它们。

有一个小男孩和他的爸爸生活在一个农场里。他的爸爸从来不给他买玩具。因为爸爸认为玩是没有用的，工作才是正经事，于是，爸爸就让他看守农场，而他则住在农场附近的仓库里。

小男孩天天和动物们在一起，常常在地上拿着树枝画他的动物朋友，哪怕被爸爸打了一顿，他也仍然很爱画画。

有一天，当这个小男孩伏案画画的时候，有一只小老鼠瑟瑟缩缩地爬到桌子上偷吃面包屑。当小老鼠发现小男孩没有赶它走或置它于死地的意思时，就大胆地与他玩了起来，甚至淘气地爬上他的书桌和画板，仿佛在看他画画。

在寂寞和苦闷中，他们建立起了深厚的友谊。在短短的两个月时间里，那只小老鼠成为小男孩忠实的朋友。小老鼠虽然淘气，却也很温驯，更会撒娇，有时甚至蜷伏在小男孩的手掌心里睡大觉。

小男孩很喜欢看着它，研究它的每一个动作，甚至还会对着镜子又皱鼻子，又努嘴巴，学着小老鼠一大堆可爱的小动作。

终于有一天，他们不得不分别了。小男孩把小老鼠带到附近的树林里，并在心里对小老鼠默默地道了别。

小老鼠是走了，但小老鼠好像又没走。因为几年来，小老鼠可爱的形象一直留在小男孩的心里，男孩喜欢小动物的那种坦诚和可爱。

后来，这个小男孩成了一个很厉害的动画片大师。他计划塑造一个新的角色，而那只令他念念不忘的小老鼠突然从他的脑海里蹦了出来。

这只小老鼠后来成了家喻户晓的明星。它的名字叫米奇，也叫米老鼠，而这个小男孩就是大名鼎鼎的迪士尼的创办人：华特·迪士尼。

你看，只要你对小动物有一点点关爱之心，它们就会以另一种方式回报你，带给你快乐。所以，记住，爱护小动物，不要欺负它们。

我曾经看到，有一些小朋友会抓住昆虫，把它们的翅膀剪掉。可是小朋友，你想一想，翅膀就是小昆虫的手，小昆虫不会大叫，不然它一定会发出最凄惨的叫声。对于能飞的小昆虫来说，翅膀还是它们唯一的保护伞。当它们遇到敌人的时候，只有拼命飞才能求得生存。如果翅膀被剪掉，小昆虫也就活不长了。它的生命和我们一样，也只有一次。

还有一些小朋友会扯小狗的尾巴。悄悄告诉你，小动物的尾巴具有很重要的作用。狗的尾巴跟其他动物的尾巴一样,是用来保持身体平衡的。除了这个用处外,狗尾巴的动作也是狗的一种"语言",是它在对你说话呢。

比如,狗如果摇头摆尾,意思是说:我很兴奋! 很高兴! 如果尾巴下垂,意味着它感到有点沮丧,意思就是:我有点小情绪了!

怎么样! 好玩吧? 如果狗的尾巴不动,意思是说:我有点不安! 如果尾巴夹起,意思是:我感到害怕,主人快来保护我! 如果它见到你的朋友,快速地、水平地摇动尾巴,你大可放心,这是它在表达友好呢。

看到这里,你还想去扯小动物的尾巴吗?

尾巴不是用来扯的,它有很多重要的功能。你对小动物的爱护,它一定感受得到。保护小动物的孩子最善良、最有爱心。我相信,你一定可以成为这样的小朋友的!

Tips

不仅要爱护各种珍稀动物,也需要关爱和保护我们身边的小猫小狗。

对于流浪的小猫小狗,要在确保安全的情况下给予它们一定的帮助。

情景式提升

周末，童童在小区玩耍，忽然从草丛里钻出来一只小猫，小猫看起来脏兮兮的，眼角还有很多污垢。童童一看，吓了一跳，正在这时，小猫冲着童童跑了过来，如果你是童童，你会怎么做？下面哪种做法是不正确的？（　　　）

A. 好害怕，我还是赶紧走开吧！

B. 没招你没惹你，为什么跑来找我？哼，我要找点石头来，把你打跑。

C. 为了安全，先躲远点，然后告诉大人，看看能不能找人收留它，这样做也可以减少对别人的伤害。

D. 和小伙伴一起做个小窝，里面放点食物，希望这只流浪的小猫能有个好归处。

手不是用来打人的——用头脑解决问题才是真正的强者

　　我们先来做一个游戏：首先，举起你的小手，仔细地观察一下，我们的手有什么特点？再想想看，它有什么功能呢？它能做些什么事情，不能做什么事情呢？

　　是的，你有一双很可爱的小手，有十根灵巧的手指，它能做很多事情。它能帮你写字、画画、做手工。你记得吗，前面的课里咱们学过，说话的时候，手势还能帮助我们更好地表达自己。

　　那么有什么事情是手不可以做的呢？你想到了吗？

　　我觉得，有一件一定要注意避免的事，那就是——手，不可以用来打人！

　　仔细看一看你的手，它的样子就告诉你：手不是用来打人的！你知道，我们人类是从古猿进化来的。比较一下我们的手和黑猩猩的手，你就会发现，我们人类的手掌更薄，手指更细长，而且大拇指更突出，与其他四指分开很大的角度。而且，在看不见的大脑深处，我们的大脑为手配置的中枢神经明显要比其他灵长类动物多很多。也就是说，我们人类的手能完成很多更复杂、更精细的动作，这是其他动物都做不到的。

你看，我们的手是不是很棒？这么棒的手可不是白来的，它经历了漫长的进化历程。几百万年前，有一群古猿选择直立行走，让它们的前肢离开了地面，慢慢地，它们的手学会了使用工具，并且会制造工具，而且，他们制造的工具越来越精细，越来越好用了。

这是划时代的进步，是手进化的起点，也是人类进化的起点。在这之前，"手"还不存在，还只能叫"前肢"或"爪子"，在这之后，手才成了手，人类也成了人类。

手的使用和手的功能的开发，刺激了人类大脑的进化，于是，人类朝着更灵巧的手、更聪明的大脑这个方向去进化了。我们的祖先真的很聪明，他们选择了一条很正确的进化道路。现在，人类早已告别了蛮荒时代，建立起科学、法制、道德的体系，不需要像动物那样，用武力去显示自己的力量。我们人类要显示自己的力量靠什么？靠的绝对是自己的大脑！

可是有的小朋友却不明白这个道理，以为用手打人可以显得自己有力量，可以让别人屈从于自己，这是非常错误的。"打人"是"爪子"的功能，不是"手"的功能。在一个集体中，凡是打人的小朋友，最后都会变成最可怜的人。开始的时候，或许被打的人会怕他，他可能短时间内能得到自己想要的，比如，抢到一个玩具，但是同时，他会失去一个

拥抱的感觉真好，那是用手带来的亲密，满含浓浓的爱意。

朋友，而且给大家留下很坏的印象。这个时候，如果他没有及时纠正自己的行为，那么他在集体中就会被孤立，变成一个没有朋友也没有人喜欢他的人。

还有更可怕的呢，一个人如果养成了打人的坏习惯，遇到矛盾，不懂得用脑子和语言解决，只会使用武力，那很有可能会导致一种最糟的结局，就是闯下大祸！

我就听说过一些这样的悲剧，同学之间因为很小的矛盾打架，一方对另一方拳脚相加，失手把同学的眼睛打瞎了，或是把内脏打破了，造成了无法逆转的伤害。

有一句话说"冲动是魔鬼"，那怎样才能不冲动呢？这就要靠我们从小培养好的修养，管住我们的手，不要打人。不然的话，"打人"这个坏习惯，就会从一个小魔鬼长成一个大魔鬼，大到连我们自己都难以控制了。

你会不会想，这说得也太夸张了吧，"打人"的手长在自己身上，怎么会控制不了呢？嗯，你有没有听说过伊凡雷帝的故事？

伊凡雷帝这个人是俄国的第一任沙皇，也是俄国历史上第一个王朝留里克王朝的倒数第二任君主。他本来是个非常能干的君主，在位期间推行了军事、财政、法律等方面的一系列改革，使俄国走向了强大。但是，这个人却有一个致命的缺点，就是他性格很暴躁，一激动起来就失控，就爱打人。

你想想，他不是叫伊凡雷帝吗，伊凡是他的名字，雷是打雷的雷，帝是帝王的帝，意思是说，他是个像打雷一样吓人的帝王。

伊凡雷帝经常在暴怒中打人，因为他是沙皇，没人管得了他，他心中的魔鬼就越长越大，终于有一天，这只潜伏的魔鬼把它的主人吞掉了。

那真是可怕的一天。那天，伊凡雷帝跟他的大儿子起了争执。伊凡雷帝很生气，他在盛怒之中，把手中沉重的权杖向儿子打去。权杖是沙皇专用的手杖，象征着帝国的权力，是用很重的金属做成的。伊凡雷帝万万没想到，儿子竟然没能躲过这一击，权杖的金属头直接砸在儿子的头上，顿时儿子的头血流如注，然后他就看着儿子的身体软软地倒下去了。这下伊凡雷帝清醒了，他跌坐在地上，把儿子搂在怀中，试图用手捂住儿子头上冒血的伤口，但是血还是从指缝里不断涌出来。伊凡雷帝恐惧地意识到自己做了什么，他亲手杀死了最爱的儿子啊！他失声痛哭，希望能拯救儿子的生命，求儿子饶恕自己的罪行，但是，已经无济于事了，他的儿子就这样死在了他的怀里。

大儿子死后，伊凡雷帝除了小儿子之外再没有继承人了，偏偏这个小儿子是个有智力障碍的人，伊凡雷帝辛辛苦苦经营的留里克王朝就这样灭亡了。

唉，这个故事是不是很可怕？手不是用来打人的，打出去的手，最终会伤到自己。

不只是手，我们的脚和身体，都不能成为攻击别人的工具。脚不能用来踢人，身体不能用来撞人，嘴巴不能用来骂人。要知道，解决问题的方法有很多，武力是最不可取的一个。

如果在生活中遇到暴力冲突的情况，一定要先远离，弱小的你，如果只是因为好奇就不知轻重地和大人一样往人群里钻，很容易被别人的拳脚伤到。

如果自己遇到特别生气的情况，又没处发泄，应该怎么办呢？

首先，远离让你生气的人或事情。当你觉得自己内心充满了怒火，感觉快要控制不住自己的时候，最好的办法就是赶紧走开。在那时的情况下，单方面地控制自己的情绪，让自己冷静下来，其实是很难的，大人都很难做到，更何况是你了，所以，远离现场是最好的办法。而没有了惹你生气的事件或人的激发，你的心情会很容易慢慢平静下来，如果再找点别的事情做，分散一下自己的注意力，怒气消失得会更快。

心情平静下来后，你可以好好思考刚才冲突的前因后果，看看是自己的问题，还是对方的问题。如果是自己造成的，思考一下自己哪里出了错，认识清楚之后，要好好向对方道歉。如果是对方的问题，那你可以试着和他好好沟通。如果对方不配合，你也不用强求，可以寻求老师或家长的帮助，或者大度一点，直接一笑而过，不是更潇洒吗？

但是，如果是对自己的家人生气，可不要这样做哦。你可以好好和爸爸或妈妈谈谈，他们肯定很乐意听你的想法的。

怎么样？今天讲的你明白了吗？管好自己的小手，用大脑解决问题，你会显得更有智慧、更有修养呢！

Tips

灵巧可爱的手可以做很多事情，但绝不能用来打人！

学会用大脑解决问题，而不是用武力升级冲突。

情景式提升

林林的玩具被小伙伴彦彦弄坏了，林林想让彦彦赔，彦彦不仅不赔，还把玩具啪的一声扔在了林林的脸上。林林又痛又气，如果你是林林，你会怎么做？（　　　）

A. 老师说不能打人，但他弄坏我的玩具，我心里咽不下这口气，我也要摔坏他的玩具，这样才行。

B. 我堂堂男子汉，怎么能被别人欺负，现在就让你见识见识我拳脚的厉害。

C. 平息心中的怒火，带着玩具走开，选择冷处理。

D. 把事情的始末告诉老师或家长，由老师或家长来评判。

养成与改变

你有用手打人的情况吗？如果有，希望你能把事情的来龙去脉讲给爸爸妈妈听，看看他们会给你什么样的意见，自己也趁机反思一下；如果没有，我要好好称赞一下你的自制力。

并且，你不仅不该用手打人，生气的时候对物品摔摔打打，也不是好的表现。好好回想一下，自己有这样的举动吗？将怒气发泄在物品身上的做法，到底哪里不对？自己又该如何改进呢？

家庭互动

和爸爸妈妈一起来一场讨论会，看看他们在遇到生气发火的情况时会怎么处理。如果他们遇到过拳脚冲突的情况，比如因为地铁拥挤有人大打出手，动手打人的人受到了怎样的处理？而被打的人又受到了怎样的伤害？看看成年人是怎么看待武力这个问题的。

我们比本领，不比东西——没有什么是值得炫耀的

　　我曾看到一个妈妈写的文章，说有一天，她收到 8 岁女儿写给她的信，里面列举了她认为"不公平"的事，信是这样写的：

　　艾佳有一盒 24 色的彩笔，而我只有 12 色的；

　　邻居小朋友新买了很漂亮的自行车，我也要买个一模一样的；

　　上个暑假去日本玩了，而你们从没带我出国玩过……

　　中间还有好几条，我就不列了，结尾女儿要求：这不公平！我的待遇要向他们看齐！他们有的我也要有！

　　这位妈妈看了信，真是哭笑不得。在你周围，有没有类似的事呢？如果这个小姑娘是你的朋友，你是支持她的要求呢，还是不支持呢？你会怎样劝说她呢？

　　我觉得，这个小姑娘对"公平"的理解有偏差。"别人有的东西我必须也得有"，这不叫"公平"，这叫"攀比"，是一种错误的心理。

　　就拿彩笔来说吧，12 色的彩笔，已经足够画出美丽的画来，如果买

了 24 色的，这盒 12 色的是不是就浪费了呢？以后看到人家有 36 色、48 色、72 色的，是不是还要不停地买呢？

我倒是觉得，与其把有限的精力放在彩笔上，还不如花时间学习美术，画出更好的画来，这不是比追求彩笔有意思多了吗？我们只听见人们赞美画家说："看！这位画家画得多好啊！"可从没听见谁说："看！这位画家的彩笔颜色真多啊！"

要知道，对物质的追求是永无尽头的，一旦养成了攀比的坏习惯，渐渐就会生出炫耀、贪婪的心理，最终导致悲剧的结局。这样的例子历史上有很多。

西晋的时候，朝廷上下沉迷于奢侈享乐，王公大臣之间互相攀比斗富。有个叫王恺的大官为了炫耀自己有钱，就在自家门前的大路两边，用紫色的丝绸围成 40 里（20 千米）长的屏障。天哪，40 里有多长？那种 400 米一圈的大操场，要围上 50 圈！要知道，当时很多穷人连衣服都穿不上呢！这还不算，居然还有另外一个叫石崇的富豪，他一心想压过王恺，于是他用更贵重的彩色丝绸，围了 50 里（25 千米）长的屏障！西晋王朝发生了很多这样的攀比事件，他们并不把精力放在如何治理好国家上，而是挖空心思攀比、炫耀，放纵自己对物质的欲望。后来，石崇因为炫富招来嫉妒，被满门抄斩了。十几年后，奢靡成风的西晋王朝被外族打得一败涂地，最终灭亡了。

你一定听说过，勤俭朴素是我们中华民族的美德。这句话可不是随便说说的，这是从历史上无数的经验和教训得来的。人活在这世界上，物质的支持只要一点点就够了，物质再丰富，也不能满足我们的心灵，只有精神的丰富，才能带来内心的快乐和幸福。所以，接下来我告诉你的这段话，你一定要记住：

在你的一生中，任何时候都不要让自己陷入对物质的迷恋和攀比中去。

如果在你身边，有小朋友炫耀东西，你心里要明白他做得不对，这并没有什么值得炫耀的。你自己的东西也不要拿来炫耀，这实在是很没有修养的行为。

我记得小时候，朋友之间也经常会一起比一比。那时我们比什么呢？我们比谁跳绳跳得快，谁背诗背得多，谁组织活动组织得好。

孔子有句话说得很有趣：君子没有什么可争的，如果一定要争，那就比比射箭吧！

你看，如果是我们自己身上的本领，大家倒是可以比一比，这也是君子的行为呢！

我们人类是很喜欢一起比一比本领的。在比赛中，我们可以互相交流，互相促进，这能使我们变得更好。我们甚至把比赛办成一个盛大的聚会，全世界的人都像过节一样，开开心心地来参加，这是什么？对啦，这就是奥运会！

你看过奥运会吗？你有没有见过那些夺冠的运动员泪流满面的场

面？自己多年的辛苦训练、为国争光的迫切心理、奖牌带来的巨大荣誉，这一切对运动员来说真是太重要了。

可是你知道吗？即便是在这样重要的赛场上，人们最看重的也不是金牌，而是平等的竞争、友爱的力量和体育的精神，因为这些才最能体现人类崇高的价值。

曾有一位田径运动员叫杰西·欧文斯，他被称为奥运历史上最伟大的运动员。1936 年，他代表美国队参加在德国首都柏林举行的奥运会。

这是八十多年前的事情了，那个时候，我们这个世界出了很严重的问题，德国正处在希特勒的统治之下。希特勒为了发动第二次世界大战，正到处宣扬他的"种族优劣论"，说欧洲的雅利安人种是世界上最优秀的人种，各方面都远胜其他种族，而犹太人、斯拉夫人、黑人都是劣等种族。当时甚至有很多纳粹报纸叫嚣，要把黑人逐出奥运赛场。

而运动员杰西·欧文斯，正是个黑人。

欧文斯报名参加了四个田径比赛项目，他在这四个项目上都具有极强的实力，其中，跳远是他的第一项比赛。

按奥运会的比赛程序，运动员必须先通过预赛，然后才能进入决赛。本来，以欧文斯的实力，通过预赛是完全没有问题的，可没想到，他遇到了心理障碍。第一次，他越过跳板犯规了。第二次，他为了保险起见，离跳板很远就起跳，结果跳出了从未有过的坏成绩。现在，他只剩下最后一次机会了。如果这一次还是发挥不好，他就无缘跳远决赛，心理上

一样是采集松果，为什么一个收获满满，
一个屈指可数，难道只是多和少的区别吗？

的挫败感还会对其他三个项目造成很大的影响。

这位身经百战的运动员，这次为什么会这样失常呢？原来，欧文斯的心理压力太大了。要知道，希特勒正在看台上看着呢！全世界都在看着呢！他太想向全世界证明，希特勒的"种族优劣论"是个骗局，黑人一样可以非常优秀！

欧文斯只有最后一次机会了！他一遍遍试跑，一遍遍迟疑，不敢开始最后的一跃。

就在这时，德国运动员卢兹·朗向他走了过来。卢兹·朗是当时除了欧文斯之外最有实力的跳远选手，如果欧文斯进不了决赛，他就稳拿这块金牌了。

卢兹·朗会对欧文斯说些什么呢？

他先是用微笑和他结结巴巴的英文跟欧文斯打招呼，然后告诉欧文斯，现在最重要的是取得决赛的资格。他说他去年也曾遭遇同样的困境，用了一个小诀窍就解决了。他取下欧文斯的毛巾，放在起跳板后十厘米左右的地方，告诉欧文斯，从毛巾的位置起跳，就不会偏失太多了。欧文斯照着做，果然很灵，这一跳很成功，他顺利进入了决赛。

几天后的决赛中，卢兹·朗先打破了世界纪录。随后，欧文斯以一点点的微弱优势，再次打破卢兹·朗刚刚创下的世界纪录，夺得了金牌。

看台上情绪激昂的观众忽然沉静了。这时，卢兹·朗跑到欧文斯身边，把他拉到聚集了12万德国观众的看台前，举起他的手高声喊道："杰西·欧文斯！杰西·欧文斯！杰西·欧文斯！"看台上经过一阵沉默后，忽然齐声爆发："杰西·欧文斯！杰西·欧文斯！杰西·欧文斯！"

等观众安静下来后，欧文斯举起卢兹·朗的手朝向天空，声嘶力竭地喊道："卢兹·朗！卢兹·朗！卢兹·朗！"全场观众也同声响应："卢兹·朗！卢兹·朗！卢兹·朗！"

这一刻，没有阴险的政治，也没有金牌的得失，选手和观众都沉浸在君子之争的感动里。

这次奥运会，欧文斯在四个项目上都获得了金牌。他创下的 8.06 米的跳远世界纪录保持了整整 24 年。

多年以后，杰西·欧文斯在他的传记里回忆，是卢兹·朗帮助他赢得了这四枚金牌，卢兹·朗使他明白，单纯而充满关怀的人类之爱，是真正永不磨灭的运动员精神。世界纪录终有一天会被人打破，但这种运动员精神永不磨灭。欧文斯在书中这样写道："把我所有的金牌熔掉，也不能铸造我和卢兹·朗纯金的友谊。"

嗯，我真的很喜欢这个故事，虽然它有点长，但我也要慢慢讲给你听。怎么样，你是不是也喜欢这个故事呢？

回顾一下我们今天学到的。首先，我们知道了，在物质上攀比是很丢人的，如果要比，咱们就比一比本领。比本领的时候，我们要把公平和友谊放在第一位，这个精神才是最值得我们骄傲的事情。

怎么样？下次再遇到有人想和你比东西的时候，你知道应该怎么做了吗？把今天的故事讲给他听，一起做努力提高本领的好朋友吧！

Tips

攀比的心理要不得！

如果一定要比，那我们来比比本领吧！

比起本领来，公平和友谊更显珍贵呢！

情景式提升

商场里，文文看到一个小朋友手里拿着一辆最新款的玩具车，羡慕极了。文文也嚷着要妈妈买，但妈妈就是不同意，说家里已经有很多玩具车了。文文见目的没达到，躺在地上大哭起来。如果你是文文，你会怎么做呢？（ ）

A. 不能买玩具车，那我要求妈妈买个别的总行吧，比如换成便宜点的积木也行啊！

B. 家里虽然已经有玩具车了，但没有这辆，我一定要妈妈给我买。

C. 别人都有，凭什么我没有，一定要妈妈给我买。

D. 不能把别人有而自己没有当作买东西的理由，玩具不在多，只有充分利用才有价值。

家庭互动

你有爱攀比的习惯吗？如果自己没有印象，可以让爸爸妈妈帮你回忆一下，然后在心里做出评判，这种举动有什么坏处。

攀比其实不仅存在于你这个年龄，爸爸妈妈作为成年人，有时候也不免会有类似的行为，哈哈，不如让他们也反思一下自己在这方面做过什么，没准会有很搞笑的事情呢。

PART 4

心灵的魔法

——触及内心的成长

常怀一颗感恩之心——爱与美好就在身边

比金子还贵的善良——世界因善良而温暖、柔软

成为一座埋在地下的大山——做个谦虚的好孩子

永远想到下一个人——与世界友好相处的诀窍

我不是最弱小的——越会保护别人，就越能保护自己

最后我们说一说坚持——每一条好习惯的养成都需要坚持

关于修养，我们谈了语言，谈了行动，谈了格局，谈了外化的一切，现在，我们来看看最触及内心的东西——心灵。

心灵的成长比任何东西都重要。所有外化的东西，如果没有触及内心，都会像没有灵魂的躯壳，空洞无物。就好像你的行为举止和谦谦君子无异，但如果不是发自内心，再得体的举动总会带有那么一丝虚假，或者少了一些生气。

可能你会想，我自己心中在想什么，和别人无关，只要我不伤害别人就好，该做的我还是会做。其实不然，人的心灵好比沃土，你可以在这里辛勤耕耘，种满鲜花朵朵，也可以不管不顾，任其杂草丛生。所以，心灵再怎么不受他人打扰，你心中所想也总会通过言语、行动展现出来。

心灵的影响所及，不仅限于他人，还有我们的人生。正如一位名人所说，你若爱，生活哪里都可爱；你若恨，生活哪里都可恨。

所以，无论从对个人还是从对他人的影响来看，我们都有充分的理由做出正确的选择。

常怀一颗感恩之心——爱与美好就在身边

有一个城市饥荒闹得很厉害。城里有一个面包师，心地很善良。他把城里最穷的几十个孩子聚集到一块，拿出一个盛有面包的篮子，对他们说："这个篮子里的面包你们一人一个，在好年景到来以前，你们每天都可以来拿一个面包。"

瞬间，这些饥饿的孩子一窝蜂一样拥了上来，他们围着篮子推来挤去大声叫嚷着，谁都想拿到最大的面包。当他们每人都拿到了面包后，竟然没有一个人向这位好心的面包师说声谢谢，就走了。

但是有一个叫伊娃的小女孩却例外，她既没有像大家一样吵闹，也没有和其他人争抢。她只是谦让地站在一步以外，等别的孩子都拿到以后，才把剩在篮子里最小的一个面包拿起来。

她并没有急于离去，而是向面包师表示了感谢，并亲吻了面包师的手，才向家走去。

第二天，面包师又把盛面包的篮子放到了孩子们的面前，其他孩子依旧疯狂地抢着，可怜的伊娃只得到一个比头一天还小一半的面包。

当她回家以后，妈妈切开面包，这个时候，很多崭新、发亮的银币掉了出来。

妈妈惊奇地叫道："立即把钱送回去，一定是面包师揉面的时候不小心揉进去的。赶紧去，伊娃！"

伊娃赶紧带着银币去找面包师。没想到，面包师慈爱地说："不，我的孩子，这没有错。是我把银币放进小面包里的，因为我要奖励你。愿你永远保持现在这样一颗感恩的心。回家去吧，告诉你妈妈：这些钱是你们的了。"

伊娃激动地跑回家，告诉了妈妈这个消息。

伊娃为什么会获得银币？因为她的谦让，因为她的感恩。她没有像别的孩子那样去争抢最大的面包，而是每次留到最后，拿最后剩下的那一个。即使面包越来越小，她依旧对面包师表示感谢，而这也深深打动了面包师。

你看，怀有感恩之心，命运就会给你奇妙的回报。

接下来，我们再来看一个故事，可能你会有不同的体会。

树林里有一棵苹果树，有一个小男孩每天都来跟苹果树玩，他上树摘苹果吃，在树荫里打盹儿。他爱着这棵苹果树，苹果树也爱他。时光飞快地过去，小男孩也变成了大男孩，他不再跟苹果树玩了。

没有妈妈的呵护与关爱，就没有我们的成长。

无论走多远，我们都走不出妈妈的目光。

一天，男孩回到苹果树身旁，他看起来很难过。

苹果树对他说："来跟我玩一会儿吧。"男孩说："我不是小孩子了，我不会爬树了，我需要玩具，我需要钱买玩具。"苹果树回答他："对不起，我没有钱，不过你可以把我所有的苹果摘下来拿去卖钱。"

男孩打起精神来，把所有的苹果摘光了，然后快乐地离去。

摘了苹果之后，男孩再没有来看过苹果树，直到他长成了一个男人。

有一天，他再次回到苹果树这里。苹果树对他说："来跟我玩一会儿吧。"男人说："我没有时间玩，我要工作来养活我的家庭。我们需要一所房子安身，你能够帮助我吗？"

苹果树回答说："对不起，我没有房子，不过你可以砍掉我所有的树枝拿去盖房子。"

男人打起精神来，他砍掉了所有的树枝，然后快乐地离去。

看到男人快乐，苹果树也非常快乐，不过男人砍了树枝以后再也没有来看过苹果树。苹果树又孤零零了，它很伤心。

一个炎热的夏日，男人回到苹果树这里。苹果树高兴得发抖，对男人说："来跟我玩一会儿吧。"

男人问："我一天比一天年纪大，我想去航海，让自己放松下来，你能给我一条船吗？"

苹果树回答说："用我的树干去做条船吧，这样你就可以航行到很远的地方，你会快乐的。"于是，男人砍了树干做了条船，他真的去航海了，并且很长时间没有回来。

很多年以后，男人终于回来了。苹果树愧疚地说："对不起，我没有什么可以给你的了，没有苹果给你吃。"

男人说："没关系，我牙齿都掉光了，不能咬苹果了。"

苹果树说："我也没有树干给你爬。"

男人说："没关系，我太老了，爬不动树了。"

苹果树流着眼泪说："我真的没有什么可以给你，只有我快要枯死的树根。"

男人回答说："我并不需要什么，只要有个地方能坐下来休息一下就好了，经过这么多年，我太累了。"

苹果树含着眼泪对男人微笑着说："那好！老树根是最适合歇息的地方了，过来跟我坐一会儿吧。"

你知道吗？小朋友，这个故事里的苹果树，就是我们的爸爸妈妈。现在你还很小，喜欢跟爸爸妈妈一起玩。等你长大了，就会离开父母，只有当你有需要或者遇到麻烦的时候才会回到他们身边。但无论怎样，父母都一直在那里，尽一切所能提供给你所要的一切。他们的爱，是不要求回报的，他们也是你应该始终怀有感恩之心对待的人。

所以，一定要对我们的父母充满感恩之心，好好爱他们。

你可能要问了，除了说"谢谢"，我应该怎么表达我的感恩之心呢？

其实，表达感谢的机会非常多，只要怀有一颗感恩之心，你可以随时找到机会。

再来给你讲一个故事吧！

美国有一位总统，叫罗斯福。有一次，他家进了小偷，被偷去了许多东西。

他的一位朋友听说了，忙写信安慰他，劝他不必太在意。罗斯福给朋友回了一封信，说："亲爱的朋友，谢谢你来信安慰我。我现在很平安，我很感恩，因为：第一，贼偷去的是我的东西，而没有伤害我的生命；第二，贼只偷去我部分东西，而不是全部；第三，最值得庆幸的是，做贼的是他，而不是我。"

对任何一个人来说，东西被偷绝对是不幸的事，而罗斯福却找出了感恩的三条理由。这就是怀有感恩之心对你自己的帮助。它不仅是对别人表示感谢，还是你自己的一种积极乐观的生活态度。罗斯福能写出这样的一封感恩信，就出自他对生活的爱和希望。

而远离负面情绪的最好办法，也是感恩。

人活在世上，总会遇到不开心的事情。于是，有的人抱怨，有的人发怒，有的人失落……而这些做法只会放大痛苦，对摆脱不开心没有一丝一毫的帮助。怎么办呢？

与其浪费那么多时间去抱怨或生气，不如学会感恩，把目光放到已经拥有的幸福和快乐上。慢慢你会发现，生活中不再有遗憾，不再有怨恨，而你也越来越开心快乐，开始珍惜身边的美好，幸福也就离你越来越近了。

除了事情，对我们周围的人，也要学会感恩。不仅要感恩父母，感恩帮助你的人，也要感恩对手甚至敌人，只有这样，你才能越来越强大。

比如说：感恩对手，因为他敦促你不断前进；感恩拒绝你的人，因为他教会你自立自强；感恩嘲笑你的人，因为他让你认清了自己身上的缺陷；感恩欺骗你的人，因为他增长了你的智慧和见识⋯⋯

感恩就是这么神奇，有着无法描述的力量，它让爱更强大，让恨从我们的生活中消失不见。

不过，感恩可不只是嘴上说说而已，你一定要付诸行动。

给你介绍一个小诀窍，从现在开始，列一张感恩清单，每天晚上，你可以坐在小桌子前面，花 10 分钟的时间，认真地写下三件今天想要感恩的事情，做一个自己的感恩笔记本。

这个本子非常神奇，你会发现，写完之后，你的心情会变得非常舒畅，而在你伤心、郁闷的时候，翻一下这个本子，你就会快乐起来。

Tips

感恩是一种生活态度，更是一种良好的修养。

心怀感恩，助你走出负面情绪的怪圈。

养成与改变

生活中总是会有一些突发的负面情绪围绕着我们，这个时候如果改用感恩的心态来看待这一切，会发生什么样的改变呢？比如，当你心情低落的时候，被人误会的时候，父母唠叨你的时候，你都可以抛弃忧愁、烦闷，转而用感恩的心态来面对，相信你一定会扭转自己的心情，重新恢复阳光的。试一下吧！

家庭互动

父母作为我们身边最亲近的人，给予了我们人间最浓的亲情和最深切的爱意。我们已经知道了要感恩父母，那你觉得父母为了养育你，都付出了哪些辛劳和艰辛呢？作为子女的你，应该为父母做些什么呢？不妨和父母互换一下角色，你也做一天爸爸或妈妈，体验一下他们一天的付出，相信你的感受会深刻得多。

比金子还贵的善良——世界因善良而温暖、柔软

先来问你一个问题，你觉得这世界上最珍贵的是什么？

我之前拿这个问题问过别的小朋友，他们有的说是金子！还有的说是铂金！铂金比金子还贵！

其实，这世界上有一种比金子和铂金更珍贵、更闪闪发光的东西，那就是善良。而且，这最珍贵的东西，是我们每个人与生俱来的，它就在我们每个人的心里。

善良是一个人心中的光，这光能从他的眼睛、他的表情、他的身上散发出来，旁边的人都能感觉得到。这样的人，才是真正有修养的人，才能真的被大家所爱。

善良是什么呢？

首先，善良是同情和理解。这是在说，一个人对他人的痛苦有一种感受能力，好像自己也受到了同样的痛苦。相反，如果一个人无视他人的痛苦，态度冷漠，觉得与自己无关，那他心里的光就熄灭了，别人看

到的他就是冷的、暗的。

德国著名的大哲学家尼采，有一次在街头看到一个马夫狠狠地鞭打一匹马。这位一向高傲冷峻的哲学家，忽然向那匹马走去，抱住马的脖子大哭："我受苦的老伙计啊！我受苦的老伙计啊！"可见其善良之心。

另一个故事发生在古印度，有一位王子，他从小在王宫长大，过着富足的生活。有一天，他在王宫的阳台上向外望，看见远处有一群人穿着破烂的衣裳在烈日下劳作，累得筋疲力尽。他惊呆了，问仆人，那是什么？仆人解释说，王宫外面的底层民众都是这样的，他们必须每天像牛马一样干活，才能不被饿死。

王子再也不能像以前那样快乐了，每当他享受宫廷华美的生活时，他就想到，在自己享乐的同时，有那么多人正在承受巨大的苦难。他开始苦思冥想，怎样解决这个问题。终于有一天，他舍弃了王子的身份离家出走，去思索人类苦难的终极问题，并最终创立了佛教。这个人就是佛陀——释迦牟尼。

刚刚我们讲的两个小故事，一个是尼采哭马的故事，一个是佛陀的故事。这两个故事讲的就是一个人对他人的同情心。这个同情心是我们人类一种非常神圣的情感，是所有美好品德的基础。那么，有了这个基础，我们能同情别人的苦难，理解别人的处境，就会愿意为别人提供帮助。所以，我觉得，善良还有一个含义，就是愿意对别人伸出援手。

我记得前几年有一个新闻，在杭州，一个 2 岁的小女孩从 10 楼坠落，眼看惨剧就要发生，这时一位从楼下经过的女士冲了过去，伸手接住了孩子。孩子得救了，这位女士却被砸得手臂严重骨折了。记者采访她，问她为什么这么勇敢，她说："这是本能，因为我也是一个母亲。"

这个新闻报道出来之后，人们都非常感动，大家称这位救人的女士是"最美妈妈"，因为她的善良让她如此的美丽。

当然，这样救人一命的事情，我们可能一辈子都不会遇上一次，但是其实，在我们平时的生活中，有很多时候，你都有机会对别人施以援手。

比如有一次，我在经过商场大门的时候，看到一个七八岁的小女孩用手撑着门，因为她看到后面有一位推婴儿车的阿姨快要过来了。

每次我看到人们身上表现出这样可爱的善良，都会偷偷地感动。

还有，我觉得，善良还应该是慈悲和宽容。我们理解别人的处境，就会懂得一个道理：这世界上的每个人都是有缺点的，每个人都有不得已的苦衷和无法突破的局限。理解了这一点，就能对别人的错误给予宽容。

下面要给你讲一个关于宽容的故事。先来考考你，你知道我们中国第一位获得诺贝尔文学奖的作家是谁吗？

对，是莫言。2012 年，莫言获得诺贝尔文学奖，他在瑞典学院发表了获奖感言。这篇演讲非常好，我读了非常感动。建议你也读一读，你可以请爸爸妈妈帮你从网上找到这篇文章。

莫言在演讲中说到他的母亲，说到母亲的善良、坚强、悲悯和宽容，说到母亲的美德对他的深深的影响。莫言是这样讲的：

雨越下越大，因为小兔子的善意，
湿了翅膀的蝴蝶再次翩翩起舞。

我记忆中最痛苦的一件事，就是跟着母亲去集体的地里捡麦穗。看守麦田的人来了，捡麦穗的人纷纷逃跑。我母亲是小脚，跑不快，被捉住，那个身材高大的看守人扇了她一个耳光，她摇晃着身体跌倒在地。看守人没收了我们捡到的麦穗，吹着口哨扬长而去。我母亲嘴角流血，坐在地上，脸上那种绝望的神情令我终生难忘。多年之后，当那个看守麦田的人成为一个白发苍苍的老人，在集市上与我相逢，我冲上去想找他报仇，母亲拉住了我，平静地对我说："儿子，那个打我的人，与这个老人，并不是一个人。"

你明白了吗？他的母亲说："那个打我的人，与这个老人，并不是一个人。"这是什么意思呢？莫言并没有认错人啊，这明明就是当年打他母亲的人啊，为什么他的母亲会说不是一个人呢？

我是这样理解的：时过境迁，他的母亲早已放下了仇恨，选择了宽容。

可以宽恕，但不能忘记。

我希望，你能做一个富有同情心、乐意为他人付出并且宽容的人。希望你能永远把善良放在心里，它发出的光不仅会照亮你的心，而且会照亮你身边所有的人。

要注意的是，做善良的人，并不是让你做"老好人"。因为，善良不是无条件的妥协。别人请我们帮忙，我们要根据自己的实际能力，决定答应或是拒绝，不要什么都有求必应。一件事情，自己明明做不到，却还硬着头皮答应，事后你又不能反悔，于是，你可能会抛开自己的事情不管，而去忙别人的，只为了兑现当初这"昂贵"的承诺；实在办不到了，你会求助于自己的父母，因为他们是你最亲近的人，会帮你解决任何问题，但这个由你自己带来的麻烦，为什么要抛给他们呢？

别人请我们帮忙，我们可以根据自己的能力施以援手，但如果对方明明可以自己做到，却还请求于你，这就需要斟酌了。这时候我们应该帮，还是不帮呢？应该帮，但你可以选择和他一起完成，而不是自己一力承担。在帮助完之后，我们还要友情提醒对方："你看，你明明可以自己完成的，为什么要麻烦别人呢？"如果提醒之后，下次对方还是麻烦你，那你完全可以拒绝，因为明明是他能力所及的事情，还要麻烦别人，除了懒惰，我们再也想不到更好的理由了。

无休止的退让也不是善良，而是懦弱，千万不要把善良和懦弱、退缩混为一谈。你的妥协、退让，如果被心怀恶意的人利用，只会换来别人的得寸进尺。所以，善良本身没有错，但一定要懂得适可而止。

善良能为我们营造良好的人际关系，这的确没错，但你千万不要想着用善良去取悦、讨好别人，只为了获得大家的欢迎。世界上的人有千千万万，不是你能讨好得完的。而且，世界上不存在什么万人迷，很多成就很高的人，也有反对者，不是所有人都赞同他的。所以，基于善良的本心，做最特别的你，才是最重要的，也是最放松、最自然的。

而面对他人的善良，希望你好好珍惜，不要随意挥霍，肆意践踏。别人基于爱，给予你最美的善意，你却一次次挥霍，一次次伤害，再饱满的爱，也会干涸的。

Tips

善良是同情和理解，善良是慈悲和宽容。

善良不等于妥协，不要把善良和懦弱、退缩混为一谈。

珍惜他人的善意。

情景式提升

下面的这些场景，都是生活中发生的真人真事，仔细体会一下当时的情况，说说你的内心感受。

A. 美国的街头总有一些流浪汉出现，这天，一个男子看到一个流浪汉光着脚，就从商店里买了一双鞋送给他。流浪汉从没想到这个世界上竟然还有人关心自己，哭得泣不成声。

B. 一位老人突发疾病住了院，养了很多年的狗狗从家里奔到病房，一直不肯离去。

C. 一只小猫因为顽皮爬上了屋顶，但在下来的时候犯了难。两个小朋友看到了，想了个办法，他们撑起书包里的伞，打算让小猫跳进伞里。小猫似乎懂得了他们的意思，几次试探之后，真的跳进伞里，安全地回到了地面上。

D. 一位腿脚不便的老人坐着助力车准备过马路，但来来往往的车流让他一直犹豫不前。一位司机看到了，他将自己的车横在路前，挡住其他前行的车辆，然后将老人安全送到马路对面。

养成与改变

你做过哪些善意的举动呢？抽出一天时间，好好实践一番吧！比如每天做三件好事，然后记录下来，事情不分大小，只要是发自真心的，都可以。别忘了自己的内心感受哟！

家庭互动

仔细想一下，家庭需要善意吗？如果你觉得不需要，那可就大错特错了。其实，家人之间的理解以及彼此的善待，都是善良的表现。只要想一想家人带给你温暖的那些瞬间，就是善良涌动的时刻。也可以一起和爸爸妈妈互动一下，比如给爸爸递上一双拖鞋，帮妈妈捏捏肩膀，都是可以的。让善良围绕在你们周围吧！

成为一座埋在地下的大山——做个谦虚的好孩子

看到这个题目，你可能有点困惑，大山不应该都是高高屹立在大地之上，让人看到就能升起崇敬之心吗？埋在土地中的大山别人不就看不见了吗？我们为什么要成为一座埋在地下的大山呢？

别着急，看完今天的内容，你内心中的疑问就会慢慢解开了！

有句话你肯定听过："谦虚使人进步，骄傲使人落后。"一个骄傲的人，眼中只有自己，这也看不惯，那也不耐烦，自以为了不起。这种人，无论做什么都听不进别人的意见。这样的后果是什么，你知道吗？他们沉浸在自己的小世界里，不接纳别人的意见和建议，只能是故步自封，停滞不前。

谦虚还是开启良好人际关系的法宝呢！试想一下，你是愿意和骄傲自大的人交往，还是和谦虚平和的人交往呢？肯定是后者吧。同样一件事情，谦虚的人低姿态对待，骄傲的人则趾高气扬，盛气凌人，很容易引起别人的反感。

你可能要说了，谦虚嘛，我的爸爸、妈妈、老师都曾经教过我要谦虚，我已经很明白谦虚是什么意思了，而且谦虚和今天所说的"成为一座埋在地下的大山"又有什么关系呢？

别着急，我们接着再来看一个故事。

孔子和他的学生们周游列国，宣传他们的政治主张。一天，他们驾车去晋国。一个孩子在路当中堆碎石瓦片玩，挡住了他们的去路。

孔子说："你不该在路当中玩，挡住我们的车！"

孩子指着地上说："老人家，您看这是什么？"孔子一看，是用碎石瓦片摆的一座城。

孩子又说："您说，应该是城给车让路，还是车给城让路呢？"孔子被问住了。

孔子觉得这孩子很有智慧，便问："你叫什么？几岁啦？"

孩子说："我叫项橐（tuó），7 岁！"

孔子对学生们说："项橐 7 岁就懂得车该绕城走的道理，他可以做我的老师啊！"

看完了这个故事，我要问你几个问题。

孔子是不是一个特别有智慧、特别伟大的人？

想象一下，如果你也和孔子一样富有智慧、一样伟大，你能谦虚地说一个 7 岁的小朋友可以做自己的老师吗？一定很难吧！

谦虚，在你什么都不会的情况下往往很容易做到，但是当你的能力、

你以为到达了顶峰，其实还有更远处的苍穹。

见识、智慧不断增长的时候，就特别不容易了。

　　在三国时期，有位名将叫马谡（sù），因为熟读兵法，被诸葛亮重用。有一天，马谡带兵去攻占一座城，他们提前一天到达，准备在城外扎寨，第二天发起进攻。

　　城外有一座大山，马谡一看非常高兴，决定在山上安营扎寨，认为这样就可以从山上冲下来，利用地势一鼓作气杀退敌人。

　　有很多人不同意他的意见。军中有一员老将叫王平，他劝马谡不要在山上扎寨，认为这样做非常危险。因为山上虽然有地利优势，可以让弓箭射得更远，让骑兵冲击力更强，但同时有一个非常大的危险，那就是如果敌人从山下切断了粮草和水源，他们就被困在山上，无路可走了。

　　马谡很骄傲，认为自己的经验非常丰富，毫不理会王平的建议，结果果然被敌人从山下切断了水源，损兵折将，大败而归。因为马谡立了军令状，如果不能胜利，就要以死谢罪。最后，诸葛亮不得不非常可惜地处死这员大将，这也成了历史上一个很著名的故事："诸葛亮挥泪斩马谡"。

　　古人有言："满招损，谦受益。"自满会招来损害，谦虚才会得到益处。对比一下孔子和马谡，你是不是开始有点明白我想跟你说的"成为一座埋在地下的大山"呢？

　　当你拥有了一座大山那么大的智慧和见识，也不显露，依然低调地深藏在大地之中，从不炫耀自己的壮美秀丽，也从不掩饰自己的秃石和断崖，这才是真正的谦虚。

在人类漫长的历史中，还有很多这样的榜样值得你去学习。

你知道古希腊著名的哲学家苏格拉底吗？每当人们赞叹他学识渊博、智慧超群的时候，他总谦逊地说："我唯一知道的就是我自己的无知。"

还有被人们称为"力学之父"的牛顿，没错，就是发现了万有引力的那位科学家，他说："我就像一个在海滨玩耍的小孩子，有时很高兴地拾到一颗光滑美丽的卵石，真理的大海并没有发现。"

如果你会弹钢琴，一定知道扬名于世的音乐大师贝多芬。你猜猜他是怎么说自己的呢？他说："我只是学会了几个音符而已。"

你明白什么是真正的谦虚了吗？明明拥有一身荣耀，却从不自夸，更不会趾高气扬，反而以更加默默无闻的努力来追求更高的成就，这就是我想跟你说的"成为一座埋在地下的大山"的意思了。

谦虚并不是口头上说自己无知就行了，如果别人称赞你，你嘴巴上谦虚，心里其实非常得意，那你还没真正学会谦虚。

不过，不用害怕，谦逊其实非常容易学习。只要你在学习上取得好成绩时不骄傲，在一时失意时不自卑，面对不如自己的对手时不自大，能够时时刻刻保持一颗淡然之心，那谦逊的品质就离你不远了。

那些取得伟大成就却依然受人敬仰的人，就是因为懂得谦虚之道，知道要谦逊地待人处事，这才赢得了人们的尊重和爱戴。反之，如果你在获得小小的成绩后就骄傲自满起来，认为天底下的人都不如你，目空一切，狂妄自大，那你可就危险了。不光不如你的人会慢慢超越你，离你很近的成功也会悄悄远离你的。所以，拥有谦虚的心态，也能使你一直保持高昂的斗志。

不过，谦虚也不要过分强调自己无能，要实事求是。每个人都有自己的优点，没有人是一无是处的。面对优点，你可以自信地表达，但不能目中无人。对于缺点，一定要正视，只有这样，你才能认清自己的位置，知道自己有多大能力。

怎么样？知道我说的"成为一座埋在地下的大山"的意思了吗？相信，你一定可以成为一个更加谦逊、走得更高更远的人！

Tips

明明拥有一身荣耀，却从不自夸，更不会趾高气扬，反而以更加默默无闻的努力来追求更高的成就，这才是真正的谦虚，也是"成为一座埋在地下的大山"的含义。

学会真谦虚，不做假模样。

谦虚不是过分强调自己无能，缺点自然要正视，对于优点，也要学会自信地表达。

情景式提升

龟兔赛跑，小兔子输了，小鸭子向小兔子提建议，如果你是小兔子，你会（   ）

A. 小鸭子真是多管闲事，你在水里游，怎么可能知道在陆地上跑步的技巧。

B. 虚心听取小鸭子的意见，如果合理就采纳。

C. 输了比赛，正生气呢，趁这个机会，把火撒在小鸭子身上。

D. 嘴上说着谢谢小鸭子的建议，心里却嫌弃对方没事找事。

班级的表彰大会上，老师请取得优异成绩的你上台发言，这时你应该（   ）

A. 千万不能上台，否则就不是谦虚的人了。

B. 大大方方上台发言，在肯定自己的同时，也认识到自己的不足。

C. 得意扬扬上台，把自己夸得天花乱坠，之后好几天一直把这件事挂在嘴边。

D. 心情紧张地上台，把自己说得一无是处。

家庭互动

在人类漫长的历史中，有很多值得我们学习的谦虚的榜样人物，你能介绍几个给爸爸妈妈听吗？如果你知道得有限，让爸爸妈妈讲给你听也是可以的。

永远想到下一个人——与世界友好相处的诀窍

先告诉你一个秘密，一个关于"教养"的秘密，那就是——无论做什么事，你的心里，永远要想到下一个人。

这是什么意思呢？我们先来看一个故事。

有一位先生，要打出租车赶去机场。这时候忽然下起大雨，他拖着很重的行李箱，站在路边等啊等啊，等了好久都打不到一辆车。这时候，天越来越晚，雨越来越大，他心里急死了：再打不到车，就要赶不上飞机了！

就在这个时候，远处有一辆出租车开过来，这位先生好高兴，可等车开近了，他又陷入了深深的失望：这不是空车，车上是有客人的。

可没想到，这辆车开始减速，恰好停在了他的面前，车里的那位乘客打开车门，撑起一把雨伞，走到茫茫的雨幕中去了。

这位先生赶紧上了车，出租车掉头向机场奔去。他看了看手表，放心了，对司机说："今天真是太幸运了！幸好刚才那位乘客就到这里下车，不然我还不知道要等多久呢！"

没想到，司机却说："刚才那位乘客吗？他本来要去前面的小区，离这里步行得 20 多分钟呢。他看见你拉着箱子，这么晚在路边等车，又是一副很着急的样子，猜你可能是赶飞机要误点了，这才提前下了车。"

看了这个故事，你的内心是不是很感动？其实，在我们每一天的普普通通的生活中，有很多这样的小故事。

前些日子，我在网上看到一张照片，在地铁上，有个小伙子一直默默地用脚钩住旁边轮椅的轮子，因为他担心轮椅滚动，坐在上面的残疾人会跌落受伤。

我看着这张照片，感动了好久。

这个把出租车让给别人的人，这个用脚帮别人固定轮椅的人，他们的行为，就是永远想到下一个人。

为什么要永远想到下一个人呢？

其实，这是我们人类经过几万年的进化，总结出的一套最佳行为模式之一。

在很久很久以前，原始人是独居动物，他们不懂得礼仪教养，也不懂得为别人考虑。慢慢地，人类发现，如果大家都能为别人考虑，那么人和人就能联合起来，就能集中很大的力量，打败剑齿虎和狮子，治理洪水，修建高大的建筑。正是从这里开始，形成了人类社会和人类文明。

扫去路边的落叶，为他人带去的只是清爽吗？

到了几万年以后的今天，我们的社会已经非常成熟了，各种礼仪、行为模式也越来越完善。人们也更加相信，礼仪教养是社会的润滑剂，有教养的人才能被社会接纳，被别人喜欢。所以，每个小孩子也要从小学习礼仪和教养，养成永远想到下一个人的好习惯。

其实，这不仅是一种社会礼仪规范，更是一种发自内心的关怀，这种关怀基于人性的善良本质，传递着彼此间的温暖。而这种内心的温暖，比起物质上的赠予和获得，更容易留给人深刻的印象。

父亲让儿子帮忙拿一支笔，儿子随手递过去，把笔头交在了父亲手里。父亲微微皱了皱眉，教育儿子说："递一样东西给人家，要想着人家接到了手里方便不方便。你把笔头递过去，人家还要把它倒转来，倘若没有笔帽，还要弄人家一手墨水。刀剪一类的物品更是这样，绝对不可以拿刀尖对着人家。"

这个故事很平常，也很普通，你每天都能遇到。可是故事里的这位父亲却并不普通，他叫叶圣陶，是一位很著名的教育家和作家，我们的课文《小小的船》就是他写的。他经常教育孩子们：

"谁要立足在今后的世界上，谁就得深切记住，不要养成妨害他人的习惯。"

想到教室里有老师和同学，关门的时候，你就不会砰的一声把门撞上，而是尽量轻轻地关。

想到为你收拾餐桌的服务员，你就不会把汤汁弄得满桌布都是。

想到下一个要坐公园座椅的人，你就不会穿着鞋在上面乱踩。

想到下一个欣赏风景的人，你就不会把风景中的花儿偷偷折走。

生活中这样的例子太多了，而这种设身处地为他人着想的方式，也是心理学上著名的换位思考。能换位思考的人，会在心理共情力的基础上，从他人的内心世界来感知一切，也更在意他人的感受。他们将心比心，待人以宽，待人以善，体谅别人的不容易，感受着他人的为难处。

换位思考不会让我们损失什么，反而会让我们更强大。你怎么对待别人，别人就怎么对待你。赠人玫瑰，手有余香。收到你的善意，谁会忍心回报以刀刃呢？你会收到更多的善意、更多的快乐。著名的管理大师拿破仑·希尔说过："学会换位思考，真正站在他人的角度看问题，考虑问题，并能切实帮助他人解决问题，你会收获整个世界。"

古时候，有个奇怪的盲人，他每天晚上出门，总是提着一盏灯。

对于这个盲人的行为，人们都很不理解。盲人自己又看不见，提着灯对他有什么用呢？但是大家也觉得很好，因为人们在黑夜经过他的时候，都能被灯光照亮。

终于有一天，有个人忍不住去问这位盲人："既然你自己什么都看不见，为什么还要提着灯呢？"

盲人说："我自己虽然看不见，但我听别人说，因为夜晚没有光，所以每到晚上，人们都和我一样看不到路。我就在晚上提着灯笼出来，为别人照亮。"

这个人听了感到很震动，他感叹说："原来你所做的一切是为了别人！"

盲人沉思了一会儿，回答说："我这样做也是为了我自己呀！我的灯笼既为别人照了亮，也让别人看到了我，这样人们就不会因为看不见而撞到我了。"

你看，身处社会这个大集体中，大家都是不可分割的整体，所以为别人考虑，也就等于帮了自己。

和"永远想到下一个人"完全相反的人是什么样的呢？他们凡事不顾他人，只顾自己，无论做什么，一切只从自己的心情出发。高兴了对别人和颜悦色，不高兴就大喊大叫；喜欢的东西一定要拿到手，即使东西是属于别人的，不喜欢了就弃置一旁。这样的人除了引起他人的反感，不会给自己带来一丝一毫的益处。

在遥远的美国，一位著名的舞蹈家邓肯说过这样一段话："那些被别人称为自私自利的人，他们并不是只关心自己，而是不知道体谅别人，经常忽视他人的利益。"我们可以从一些日常生活的细节上看出一个人是不是这样的人——上完厕所从不冲水，垃圾随手乱扔，无视标语在公共场合吸烟，旁若无人地插队……可能有人觉得这是有个性的表现，殊不知，这可真是大错特错。个性不是建立在危害他人的基础上的，你可以与众不同，但不能不顾礼仪规范肆意妄为。

有人可能会问："我不考虑别人，也不危害别人，这样总可以吧？"不对，这相当于进入了另一个怪圈，一个割裂了自己与世界联系的怪圈。生活在世界上，我们虽然不为别人而生存，但想离开别人，独自生活，也是完全不可能的。吃饭、穿衣、出行、娱乐，都离不开他人的帮助和支持。

我有一首很喜欢的诗，是一位英国诗人的诗，开头是这样写的：

没有人是一座孤岛，

可以自全。

每个人都是大陆的一片，

整体的一部分。

现在，你明白了吗？没有人是一座孤岛，你和我，还有我们身边的每个人，都是连在一起的。这就是我要告诉你的秘密，永远想到下一个人，这样的你才更有教养，我们这个社会才能更美好。

我希望，在你过好每一天的同时，你能想到下一个人。如果我们每个人都能时时想到下一个人，那我们就会拥有一个更美好的世界。

Tips

无论做什么事，都要想到下一个人。

永远想到下一个人，不仅是一种社会礼仪规范，更是人们发自内心的关怀。这种关怀基于人性的善良本质，传递着彼此间的温暖。

情景式提升

逛公园累了，发现一个躺椅，上面却有几个脚印，你会（　　　）

A. 大家都不坐，肯定是因为椅子脏了，正好我带了纸巾，把它擦干净，既可以自己休息，也方便了别人。

B. 谁这么缺德，把椅子弄得这么脏，算了，我再找找别的。

C. 已经有脚印了，那我也可以踩啊。于是，你踩着椅子休息了一会儿。

D. 站在躺椅旁，自己不坐，也提醒路过的人不要坐。

愉快的假期旅行结束了，这天早上，你要和爸爸妈妈一起办理退房，你会（　　　）

A. 开心地放声高歌，在宾馆的走廊里跑来跑去。

B. 不说话，低头玩手机，东西由爸妈收拾就行了。

C. 宾馆床头的闹钟特别好，悄悄塞进自己包里，准备带回家。

D. 和爸爸妈妈一起收拾东西，把床被叠好，将房间整理好，既方便了打扫卫生的阿姨，也缩短了办理退房的时间。

养成与改变

在平时的生活中，你还能想到题目中类似的场景吗？其实，在公共场合打一个小小的喷嚏，都会给别人带来影响呢，而一个细微的动作，比如用手遮住嘴巴，会把对别人的伤害降到最低。多想几个场景吧，也考虑一下，永远想到下一个人，给自己，给他人，会带来什么样的好处呢？

家庭互动

在家庭里，你考虑过自己的举动会给爸爸妈妈带来什么影响吗？如果从"永远想到下一个人"来考虑，在某些事情上，比如穿衣、吃饭等，你怎么做才算是更好地考虑到爸爸妈妈，让他们也体会到你的温暖呢？也可以和父母一起，列举几种想到下一个人的情况。

我不是最弱小的——越会保护别人，就越能保护自己

最近，我在书上看到一位著名的作家说了这样一句话：我们要尽自己所能帮助弱小，因为我们自己也常常需要别人的帮助。

我觉得很有道理，当我们遇到比我们更弱小、更需要帮助的人的时候，我们应该怎么做呢？我认为，首先要拥有一颗爱人之心，给予别人关爱。

也许，你又会问了，我还这么小，怎么有力气去帮助别人呢？

嗯，这是一个好问题，不妨听一听下面这个故事，你一定会有自己的答案的。

5岁的汉克和爸爸、妈妈、哥哥一起到森林干活，突然间，天空下起雨来，可是他们只带了一块雨披。于是，爸爸把雨披给了妈妈，妈妈把雨披给了哥哥，哥哥看着幼小的汉克，于是又把雨披给了汉克。

汉克疑惑不解地问道："为什么爸爸把雨披给了妈妈，妈妈给了哥哥，哥哥之后又给了我呢？"爸爸回答说："因为爸爸比妈妈强大，妈妈比哥

哥强大，哥哥又比你强大呀。所以，我们都会保护比较弱小的人。"

汉克左右看了看，跑过去把雨披撑开来挡在了一朵在风雨中飘摇的娇弱小花上面。

小朋友，看了这个故事，你是不是和我一样感动呢？你会发现在这个世界上，我们可能不是最弱小的，我们是有能力帮助比我们更加弱小的人或物的。

弱小并不是我们肉眼看到的孱弱、纤细、微小，有时候你会发现，有的大人在某方面要比我们柔弱很多，也需要我们的帮助。是不是有点疑惑？大人身体比我们强壮，大脑比我们发达，怎么会需要小朋友的帮助呢？

放学路上，天天像往常一样蹦蹦跳跳地回家，忽然，他看到前面一个像爸爸一样高大的男人冲每一个经过的人指手画脚，但路过的人纷纷冲他摆手，没有一个人理他。天天以为他是坏人，本想躲着走，但仔细观察后他发现，这个四肢健全的人是个聋哑人，不会说话。

天天壮起胆子，试图和他沟通。努力之后他明白了，这个高大的男人是想去火车站，但不知道怎么走，所以求助于路人，但他人高马大的样子让人害怕，所以才会出现刚才那一幕。

天天是怎么做的呢？他用笔和纸将路线画出来交给对方，解决了对方的问题。

　　所以，肉眼看得见的强大，并不一定就真的强大，说不定对方在某个地方完全不如你呢。而许多残障人士虽然也是成年人，但有的腿脚不灵便，有的失去了双手，有的听力有障碍，有的无法说话，这些都是在某方面比我们弱小的人，都需要我们的帮助。

　　除了上面说的比我们弱小的情况，你在生活中还有别的发现吗？如果一时想不起来，不如先来看个故事吧。

　　据说，在古代宋朝，有一位皇帝叫赵光义，也就是宋太宗。他在年轻的时候，曾经和哥哥宋太祖一起打过天下，深切地知道江山得来不易。因此，他特别爱护老百姓！

　　有一年冬天，天气特别寒冷，到处都是深厚的积雪，宋太宗在皇宫里面烤着炭火还觉得寒气逼人，他就借酒来驱寒。一杯酒还没有喝完，他就想到了一个问题：我住在皇宫里，穿着貂皮做的龙袍，烤着炭火还觉得冷，而那些缺衣少食的贫苦百姓，他们又没有炭火烤，不知道会被冻成什么样子呢？我必须想点办法帮助他们解决一些实际问题。

　　想到这里，他马上找来开封府尹，对他说："现在天寒地冻，我们这些有吃有穿有火烤的人都觉得冷，那些缺衣少食的老百姓肯定更加受不了，你们马上带上衣服和木炭替我去问候他们，帮他们迅速解决这个燃眉之急。"

　　开封府尹接到圣旨，马上带领他的随从，准备好衣服、粮食和木炭，挨家挨户送到百姓手里。那些有困难的百姓们非常感激，都称宋太宗是雪中送炭。

弱小的人陷于危困之中，只要我们力所能及，
就不应该袖手旁观。

　　小朋友，宋太宗帮助的人是残障人士吗？不是。那他们很弱小吗？也不是。既然都不是，那宋太宗为什么要帮助他们呢？因为他们生活贫苦，缺衣少食，难以度过严寒。所以，宋太宗为那些生活条件不如自己的贫苦百姓送去温暖，而这也让他赢得了民心。

　　在和其他人相处的时候，我也希望你能够时刻谨记一句话：我不是最弱小的，还有很多比我更弱小的人需要帮助，我要尽我所能去帮助他们。

　　而关心帮助比我们弱小的人，其实也是在保护我们自己。

　　小蚂蚁来河边喝水，一不小心掉进了河里。呼叫声引来了小兔子，它赶紧从河边找来一根树枝，将小蚂蚁拉了上来。得救的小蚂蚁很是感激，说了一连串感谢的话，忽然，它看到从草丛中伸出了一支枪管，正瞄向小兔子。着急的小蚂蚁爬上猎人的脚踝，狠狠地咬了一口。猎人因为疼痛，子弹打偏了，小兔子听到枪声，赶紧逃进了洞里。

　　你看，小兔子是不是因为帮助了小蚂蚁，后来又获得了小蚂蚁的帮助，才得以保全性命呢？

　　关心帮助比我们弱小的人，不能只是嘴上说说，要付诸实践。

　　就比如说，有些小朋友可能是学习上不如你，那你就要多帮助他们解答问题，帮助他们学习进步；有些小朋友可能是家庭环境不是很好，爸爸妈妈不在身边，那你就要和他做朋友，多陪陪他，和他分享你的零食和学习用品；也有些小朋友呢，可能是身体上有缺陷，那你对待他，就要和对待其他同学一样，不能因为他身体的缺陷而嘲笑他，也不能让别人笑话他、欺负他，要勇敢地做他的保护者。

而你关心帮助别人的行为，不仅被帮助的人会记在心里，别的人也会看在眼里，对你的行为大加赞赏的。也许将来有一天，你也需要别人的帮助，这时候，肯定会有很多人对你伸出援手的。

好了，今天的故事就先讲到这儿了。仔细想一想，你帮助了哪一个人呢？你保护了哪一个比你弱小的人呢？如果没有的话也没关系，从现在开始行动起来吧。

Tips

我们要尽自己所能帮助弱小，因为我们自己也常常需要别人的帮助。

肉眼看得见的强大，并不一定就是真的强大，有些强大的人因为某些方面不如我们，同样需要我们的帮助。

关心帮助比我们弱小的人，其实也是在保护我们自己。

情景式提升

星期天，图图蹦蹦跳跳地走着，打算去找好朋友乐乐玩，忽然，他看到前面有个小妹妹在哭泣。原来，小妹妹走丢了，找不到爸爸妈妈了。图图耐心地安慰着小妹妹，小脑袋也开动起来：这附近我不是很熟悉，该怎么办呢？（　　　　）

A. 找民警叔叔帮忙，在大人的帮助下，肯定能顺利地帮小妹妹找到爸爸妈妈。

B. 老师说要爱护弱小，我就算把这附近全都找遍，也要帮小妹妹找到爸爸妈妈。

C. 还是别帮了，万一我也迷路了，岂不是惨了。

D. 好朋友还等着我呢，闲事还是少管为妙。

养成与改变

不知道看书的你现在多大了？如果刚好七八岁，你可以由爸爸或妈妈陪同，一起去搭乘公交车或地铁，看到老幼病残孕乘客上车，试着给他们找个座位，将他们好好安顿在车上或地铁上，体会一下爱护弱小带来的快乐。

家庭互动

在你的家里，谁是最弱小的那一个呢？肯定是你吧。现在，假设爸爸妈妈已经很老了，需要你的照顾，想一下，自己应该怎么做。父母也可以给予一定的指导和教育，让孩子体会爱护弱小的意义。

最后我们说一说坚持——每一条好习惯的养成都需要坚持

在前面的课中，我们一起分享了关于个人修养的许多故事。我们知道了该怎样说话、怎样吃饭、怎样对待身边的人和事，我们一起度过了一段十分美好的时光。那么，最后这节课我们聊些什么呢？我好像已经跟你说了很多，又好像还有很多话没有说完。嗯，在最后，我还是想跟你说一说——坚持。

我们每个人，都有一些想要或正在坚持做的事吧。有的小朋友坚持练琴，有的小朋友坚持每天读 10 页书，我还认识一个小朋友，无论是最热的夏天，还是最冷的冬天，他每天都到楼下跳绳 2000 下！我真是好佩服他！

如果你也有这样的坚持，那真的很棒，培养自己的毅力，是要从小开始的。有了坚持的精神，我相信，你将来一定能成为一个了不起的人！要知道，我们这个世界上所有了不起的事情，都是人们坚持不懈才创造出来的！那些伟大的文学作品、那些宏伟的建筑、那些促进文明进步的科学发现，都需要人们付出很大的努力。想想看，爱迪生改进电灯，试验了成百上千次，要是他在其中任何一次放弃了，那我们就没有现在的电灯了！每当想到这些，我都在心里说，谢天谢地，还好历史上那些了不起的人们都坚持下来了！

但是，在很多时候，坚持并不容易。

有的时候，坚持需要我们放下自己的骄傲。

你有没有听说过"汉初三杰"之一的张良？他是一个非常杰出的军事家和战略家。传说他的本领是从一本《太公兵法》里学来的。

张良年轻的时候有一次从桥上经过，一位白胡子老人故意把鞋子扔到桥下去，让张良帮他捡回来。张良看他是个老人，就忍住脾气，去桥下取回了鞋子。可老人又说："给我穿上！"张良很惊讶，但既然已经替他取回了鞋子，也就耐下性子，跪下来给他穿上，对老人一直很恭敬。

老人穿好鞋，站起身，对张良说："五天后在此会面。"张良答应，并遵守对老人的承诺，连续三次很早就到桥上等待，而且一次比一次早。经过这番考验，老人认为他是一个谦虚而有耐心的好青年，就把《太公兵法》传给了他。

张良拾鞋的这个故事怎么样？你是不是觉得，才三次，我也能坚持啊！但你想一想，如果别人给你提意见，连续几次都态度不好，你还能不能坚持听他的意见呢？这个时候，如果你还能守住平和的心态，就和张良做得一样好了！

有的时候，坚持需要我们克服自己身上极大的缺点。

你知道《西游记》里的孙悟空吗？

孙悟空本来是只野到天上去的猴子，他刚开始跟师父唐僧去取经的时候，犯了错误，被师父批评了几句，他就受不了了，心想，我干吗放着自由自在的生活不过，非要做你的徒弟呢，那么辛苦还要挨训。他就跑掉了，想回花果山去。

你知道的，花果山在东海边上，路过东海的时候，孙悟空就顺便去老朋友东海龙王那做客。龙王问他："你不是去取经了吗，怎么有空跑到我这儿来？"孙悟空说："唉，别提了，我受不了那个拘束，不去了！"这时候，他看见墙上挂了一幅画，画的正是张良拾鞋。

孙悟空没听说过这个故事，就问龙王这画是什么意思。龙王给他讲了一遍，就是咱们前面讲的那个故事。讲完后，龙王故意意味深长地说："张良要是没有这分坚持，怎么能有他后来开创汉朝的功业呢！"

孙悟空是只极聪明的猴子，他一下子就明白了龙王的意思。他认真地反省了一下自己，说："我先走了，我还得赶紧回去保我师父西天取经呢！"

后来的故事你都知道了，取经的路上，孙悟空不断地克服自己性格上的弱点，变成了一个既勇敢又谨慎、既坚强又有耐性的人。

其实，《西游记》是吴承恩写的神话故事，孙悟空是小说里的人物。但是唐僧在历史上是确有其人的，这个人就是唐朝著名的高僧——玄奘法师。

历史上，玄奘法师真实的取经经历，恐怕并不比《西游记》容易。他历时十几年，走了五万多里路，经过一百多个国家。而且，他并没有三个能保护他的徒弟，所有的艰难险阻，都要靠他自己去克服。他曾经在沙漠里迷路，差点渴死，还曾经差一点被歹徒杀死。但他从没想过放弃，一直坚持走到印度那烂陀寺，从那里取得六百多部佛经，带回了中国。

给你讲玄奘法师的故事，是想告诉你，坚持，有时候需要我们付出千百倍艰辛的努力。你有没有信心呢？

之前我看到一条新闻，给我的印象非常深刻。

2018 年 6 月份的高考发榜了，人们惊讶地发现，上海市高考成绩的前十名里，有一名叫王蕴的考生，竟来自盲童学校！他的总成绩比第一名只差了 3 分！

你知道，学习是多么依靠视觉啊！视力正常的人，想要取得这样的成绩都太难了！更令人惊讶的是，王蕴同学不仅功课好，还有很多爱好和特长，骑自行车、游泳、户外探险、弹钢琴、吹竹笛样样在行！他参加过半程马拉松长跑，还在英语演讲比赛中获过奖。他是怎么做到的呢？

记者带着这样的疑问去采访他的妈妈。妈妈说，王蕴出生的时候，因为早产损伤了视网膜，医生当时就宣布，他过了 3 岁就会完全失明。

事情在越接近成功的时候越困难，但也越要坚持到最后，
只有这样，才能收获丰硕的果实。

但这个聪明好学的孩子，3 岁时就通过自学认识了三千多个汉字。而且，他把这种不断学习、不断探索的精神一直坚持了下来。

了解到这些情况，记者就感慨说，难怪王蕴能取得这么好的成绩，他真是优秀啊！

这时他的妈妈说了一段话，这段话让我非常感动，他妈妈说，成绩和特长，这些都是王蕴自己的兴趣爱好而已，她觉得跟优秀没有关系。她认为儿子的优秀，在于他在一直不断地努力做一个善良的人和一个品德高尚的人。

讲这个故事，我是想告诉你，在我们的一生中，最重要的坚持，就是要坚持不断地完善自己的品德和修养。希望你能牢牢地记住这个坚持，这样，你就获得了持续自我更新的能力。即便你现在身上还有什么不足，即便我们这个课里有什么遗漏的没有讲到的地方，你将来也能自己补上。

坚持能帮助你成为善良的人、品德高尚的人，这的确不假，但坚持之路可不是一马平川的坦途，它也有自己的敌人，是什么呢？那就是虎头蛇尾。很多人在立志要做某件事时，开始时都是气势昂扬，声势很大，但坚持了没几天，劲头越来越小，还给自己找各种理由开脱，时间长了，最后直接放弃，真是有始无终。

你有没有这样的行为呢？吵着学画画，坚持了没几天，就把画笔扔在了一边；想学运动健儿踢足球，但练了没几天就喊着腿疼腰酸的；在书店看到喜欢的书，当时对妈妈信誓旦旦地说一定会读完，但回家之后呢？翻了几页书就不知道被你扔哪儿去了。

这些看起来很小的细节，其实都是坚持的拦路虎。说到底，其实这是人类的惰性在作怪。那有什么能打败它吗？有，还是坚持。

你看，是不是很有趣？坚持的敌人是惰性，惰性的敌人是坚持，它们真是一对有意思的小伙伴啊！

那有什么能让它们言归于好吗？有，那就是时间。

科学家经过研究发现，一项看似简单的行动，只需要坚持重复 21 天，就会成为习惯。

21 天？是不是比想象的容易多了？

还等什么？马上开始行动吧！真心希望你能成为一个越来越好的人。

从现在开始，21 天！我们就这样约定了，好吗？

Tips

好的修养不是一下子就能学成的，它全靠人们后天的养成和沉淀，需要你长期坚持下去。

坚持并不难，一件事坚持 21 天就会成为习惯。

情景式提升

森森收拾自己的书桌，在角落里，他发现了一年前哀求妈妈买的童话读物，一年过去了，书还是崭新的。森森想起来了，那天买回来看了没几页，这本书就被他扔到了一边。这次，森森下定决心："我一定要把你读完！"如果你是森森，你会怎么计划呢？（　　　　）

A. 争取一天把这本书看完。

B. 看一下全书的页码，预估自己每天能看几页，然后做出规划，一直坚持，就能读完啦！

C. 自己读太累了，让妈妈每晚讲给自己听不就行了。

D. 今天先看几页，剩下的明天再说。

养成与改变

今天的练习有点难度，因为你要做到坚持 21 天，至于做什么，这次由你自己选择，前面的课程，你任选一个作为 21 天的修养养成练习。

你是不是开始跃跃欲试了？决定权就交给你了，行动起来吧！

家庭互动

年纪尚小的你，涉世未深，经历的事情并不是很多，你可以问问爸爸妈妈，他们在坚持这件事上做得怎么样？

也希望爸爸妈妈不要刻意隐瞒什么，你的经历，无论好坏，都更能给孩子带来最直观的感受，而你的体会，也更能让孩子领悟到坚持的不易。

父母的言行表率，孩子的有样学样，经过一段时间的坚持，相信你们都会收获希冀的花果。

PART 1

语言的密码——再学一次说话

请、谢谢、对不起——开启人际交往的第一把钥匙

B。

这些时候我不说话——插嘴抢话可不好

A。

你是音量的主人——降低声音，柔和也有力量

B。

手势是用来加分的——你的小手也会说话

B。本题寓意：一样是手势，用手击打别人来得到他人的注意，并不是正确的做法。

说脏话一点都不酷——戒掉不小心听来的不文明用语

B。本题寓意：不仅不能讲脏话，给别人起外号也是不尊重对方的表现。

当你谈论某个不在场的人——我不在背后说别人坏话

B。本题寓意：虽然附和别人能让你获得大家的"认可"，你看起来更好地融进了大家的圈子，其实，这样的做法不仅会误导你的判断，也不利于你和他人的人际交往。所以，绝对不能在背后说人坏话，就连随声附和也不可以，你可以有自己的判断，但不一定要说给别人听。

A。本题寓意："不在背后说别人坏话"和"看到有人做坏事实话实说"
    是完全不同的两回事，这时候将自己看到的一幕告诉老师，反而是
    一种勇敢的表现呢。

不要让他人的询问飘在空中——及时回应

B。

我不可以说谎——谎言究竟会带来什么

A。

PART 2

行动的巨人——举手投足的力量

大吼大叫，真是糟糕——管好你的小脾气

C。本题寓意：我们的确要控制好自己的脾气，但有时候我们也需要一个
    情绪宣泄的出口，此时，倾诉就成为最有效的手段了。把你的苦恼
    告诉爸爸妈妈，兴许还会获得他们的指点和帮助呢！

凡事提前十分钟——守时是最好的第一印象

C。

每顿饭都吃得优雅——小小餐桌上的大礼仪

C。

不属于我的东西我不拿——"拿"和"偷"只有一步之遥

B。本题寓意：虽然放学后玩具小汽车也一样会被幼儿园的老师收起来，

处于没人需要的境地，但这并不是将小汽车带回家的理由。小汽车是属于幼儿园的，无论何时何地、什么情况，都应该存放在幼儿园的教室里，而不能随便带回家。虽然这只是一个小小的行为，但这种做法如果做得多了，一样会带来大灾祸的，不能不引起警惕哦！

大家的东西，你也有份——爱护公物，爱护公共环境

C。

站在你自己的位置就好——有序、礼让地使用公共资源

B。本题寓意：排队是讲究先来后到的，虽然洋洋并没有随意排在别人前面，但让别人帮忙，也是一种变相的插队，是不遵守秩序的行为，不值得提倡。

细菌不是用来"分享"的——讲卫生，才能不被细菌侵袭

B。本题寓意：讲卫生的习惯不能建立在危害别人的基础上，这样的行为不是真的讲卫生，而且有点自私自利呢！

"借"的意思是我会归还——不讲信用，就会失信于人

B。本题寓意：不仅类似图书、文具、玩具等具体的实物要有借有还，别人"出借"自己的体力，出于好意帮助你，事后也一样要还给人家。而且你事先向对方保证过，就更不能轻易反悔了。

PART 3
格局的智慧——缔造修养的"第三元素"

珍惜自己的物品——新旧贵贱，同等看待

D。本题寓意：爱惜东西不只是简单地将物品收拾整齐，还有爱护这一道工序，东西虽然收了起来，但上面满是脏东西，这不是真的爱惜。

拥有，但不占有——分享使人快乐

B。本题寓意：分享真的是一个很大很大的主题，我们可以分享好玩的玩具、好吃的食物，还有好的想法，必要的时候，为了帮助他人，"分享"自己的妈妈，给别人力所能及的帮助，也是很值得称赞的做法。

当你听到批评的时候——免费的意见要珍惜

B。

笑，但不嘲笑——嘲笑让我们失去朋友

C。

每一粒米都来之不易——珍惜粮食，从我做起

D。

尾巴不是用来扯的——每一个生命都是宝贵的

B。

手不是用来打人的——用头脑解决问题才是真正的强者

C 或 D。

我们比本领，不比东西——没有什么是值得炫耀的

D。

PART 4

心灵的魔法——触及内心的成长

比金子还贵的善良——世界因善良而温暖、柔软

本题寓意：题目里的场景有大事，也有小事，有事关性命的事，也有陪伴带来的温暖。善意没有大小之分，无论重大还是微小，它都散发着最美的光芒。

成为一座埋在地下的大山——做个谦虚的好孩子

B。　　B。

永远想到下一个人——与世界友好相处的诀窍

A。　　D。

我不是最弱小的——越会保护别人，就越能保护自己

A。本题寓意：爱护弱小是值得提倡的行为，但有时也要讲究方法，在自己的能力范围内，给予一定的帮助，的确可以；但如果自己力不能及，则需要求助成年人，而这也更安全稳妥。

最后我们说一说坚持——每一条好习惯的养成都需要坚持

B。本题寓意：坚持固然重要，也不能用力过猛，人在做计划的时候总是满怀壮志，但在实施的时候很难坚持到底，所以，做计划的时候要考虑自己的实际情况，可适度宽限。

志玲姐姐
给小朋友的

修养课

图书在版编目（CIP）数据

志玲姐姐给小朋友的修养课 / 林志玲著.—北京：
台海出版社, 2019.5
　　ISBN 978-7-5168-2315-6

　　Ⅰ.①志… Ⅱ.①林… Ⅲ.①儿童教育－家庭教育
Ⅳ.①G782

　　中国版本图书馆CIP数据核字（2019）第064808号

志玲姐姐给小朋友的修养课

著　　者：林志玲

责任编辑：徐　玥　　　　　　　　　封面设计：金牘文化·车球
内文插画：卡森工作室　　　　　　　责任印制：蔡　旭

出版发行：台海出版社
地　　址：北京市东城区景山东街20号　　　邮政编码：100009
电　　话：010 - 64041652（发行，邮购）
传　　真：010 - 84045799（总编室）
网　　址：www.taimeng.org.cn/thcbs/default.htm
E - mail：thcbs@126.com

经　　销：全国各地新华书店
印　　刷：山东岩琦印刷科技有限公司
本书如有破损、缺页、装订错误，请与本社联系调换

开　　本：700mm×1000mm　　　　1/16
字　　数：193千　　　　　　　　　　印　　张：18.5
版　　次：2019年6月第1版　　　　　印　　次：2019年6月第1次印刷
书　　号：ISBN 978-7-5168-2315-6

定　　价：55.00 元